新型能源体系发展研究蓝皮书

电力规划设计总院　编著

图书在版编目（CIP）数据

新型能源体系发展研究蓝皮书 / 电力规划设计总院编著. -- 北京：中国电力出版社，2025. 8. -- ISBN 978-7-5239-0348-3

Ⅰ. F426.2

中国国家版本馆 CIP 数据核字第 2025S77K57 号

出版发行：中国电力出版社
地　　址：北京市东城区北京站西街 19 号（邮政编码 100005）
网　　址：http://www.cepp.sgcc.com.cn
责任编辑：孙　芳　颜昊冉（010-63412381）
责任校对：黄　蓓　李　楠
装帧设计：郝晓燕
责任印制：吴　迪

印　　刷：北京博海升彩色印刷有限公司
版　　次：2025 年 8 月第一版
印　　次：2025 年 8 月北京第一次印刷
开　　本：787 毫米 ×1092 毫米　16 开本
印　　张：5
字　　数：43 千字
印　　数：0001—2000 册
定　　价：50.00 元

编委会

编写组

序 言

能源是人类社会生存发展的重要物质基础，攸关国计民生和国家战略竞争力。党的十八大以来，习近平总书记站在统领中华民族伟大复兴战略全局和世界百年未有之大变局的高度，统筹国内国际两个大局、发展安全两件大事，把握新一轮科技革命和产业变革深入演进、能源供需版图深度调整、能源系统安全绿色创新发展的深刻趋势，提出“四个革命、一个合作”能源安全新战略，为新时代我国能源发展指明了方向、提供了遵循。党的二十大报告提出要加快规划建设新型能源体系，确保能源安全，对新征程上能源高质量发展作出了新部署、提出了新要求。

作为我国能源电力规划设计行业的“国家队”，电力规划设计总院深入学习贯彻习近平总书记重要指示精神，全面贯彻落实党中央决策部署，以“能源智囊、国家智库”为发展愿景，以建设“世界一流能源智库和国际咨询公司”为战略定位，竭诚为政府、行业和社会提供科学求实、客观公正的服务。近年来，先后完成国家“十三五”“十四五”能源发展、电力发展、能源科技创新等重大规划研究，承担了新型能源体系和新型电力系统建设等关键问题研究，深度参与能源电力体制改革、全国统一电力市场建设等重要政策支撑，积极参与能源国际合作，为建设清洁低碳、安全高效的能源体系提供了高质量的智库研究支持。

《新型能源体系发展研究蓝皮书》和《能源科技创新蓝皮书》是电力规划设计总院在深入开展新型能源体系研究、能源科技创新研究等工作基础上组织编写的智库产品，对新型能源体系建设关键问题、重点任务和科技创新方向等进行了深入探索，为政府决策和行业发展提供了有益参考。期望电力规划设计总院进一步发挥自身优势，推出更多更好的精品成果，与社会各界共享智慧，共赢发展！

中国能建党委副书记、总经理 倪真

前　言

当前，世界百年未有之大变局加速演进，全球能源格局深刻调整，应对气候变化成为大势所趋，能源成为新一轮科技革命和产业变革的关键领域。我国正处于全面建设社会主义现代化国家开局起步的关键时期，高质量发展是新时代中国经济发展的鲜明主题，能源安全是关系国家经济社会发展的全局性、战略性问题，是中国式现代化建设的重要保障。同时，能源绿色转型也是破解我国能源资源环境约束、实现可持续发展的重要动力。统筹能源安全与绿色转型，以能源高质量发展支撑中国式现代化建设，是贯彻新发展理念、构建新发展格局、推动高质量发展的内在要求。

党的十八大以来，以习近平同志为核心的党中央高度重视能源工作，作出了一系列重要决策部署。党的二十大提出，深入推进能源革命，加快规划建设新型能源体系。为深入学习贯彻党的二十大精神和二十届二中、三中全会精神，完整、准确、全面贯彻新发展理念，深入践行“四个革命、一个合作”能源安全新战略，电力规划设计总院组织编制了《新型能源体系发展研究蓝皮书》和《能源科技创新蓝皮书》。其中，《新型能源体系发展研究蓝皮书》阐述了构建新型能源体系的重要意义，在厘清国家对新型能源体系总体要求的基础上，系统性提出了新型能源体系的新特征，分析阐述构建新型能源体系需破解的重大关键问题，提出构建新型能源体系的重点任务，并对未来新型能源体系发展图景进行描绘和展望。

编者

2025 年 8 月

目　录

一、构建新型能源体系的重要意义

改革开放以来，我国能源行业快速发展，已建成世界上最大的能源体系，能源生产量和消费量分别约占全球的27%、28%，均居全球第一，是名副其实的能源大国，但油气自主供应能力不足、能源碳排放强度大，与成为能源强国还有一定差距。当前及未来一个时期，全球能源格局深刻调整，应对气候变化成为大势所趋，传统能源体系在安全保障、低碳转型等方面遇到巨大挑战，迫切需要探索新的发展路径。

党的十八大以来，以习近平同志为核心的党中央高度重视能源工作，作出一系列重要决策部署。党的二十大报告提出“加快规划建设新型能源体系”，为新时代能源发展指明了方向，对构建现代化产业体系、支撑全面建成社会主义现代化强国具有重要意义。

（一）新型能源体系是维护国家安全的重要基础

当前，世界百年未有之大变局加速演进，全球进入新的动

荡变革期，各种风险因素明显增多，地缘冲突频发暴露了全球供应链的脆弱性，能源问题政治化、工具化、武器化加剧，对能源安全和市场稳定造成巨大冲击。我国油气供应大量依赖进口，石油、天然气对外依存度分别约 70%、40%，原油进口大部分需要经过马六甲海峡和霍尔木兹海峡，在油气资源获取、运输等方面存在较大安全风险。与此同时，随着我国能源规模持续扩大，新型储能、虚拟电厂、车网互动（V2G）等各类新型主体广泛接入，系统复杂程度不断增加，能源安全稳定运行面临挑战。因此，亟需加快规划建设新型能源体系，提升能源产业链供应链韧性和安全水平，逐步实现能源独立，夯实我国经济社会发展的动力基础。

（二）新型能源体系是实现碳达峰碳中和的必要支撑

全球气候变化带来的极端天气、海平面上升等问题日益严峻，碳减排是缓解气候变化的关键手段。《巴黎协定》提出，要把全球平均气温较工业化前水平的上升幅度控制在 2℃之内，并为把温升控制在 1.5℃之内而努力，这要求各国加快减少温室气体排放。我国碳排放总量大，虽然近年来能源转型步伐不断加快，但碳排放量和化石能源消费量的上涨势头仍未得到有效控制，需从能源消费侧和供给侧协同发力，深入推进能源绿色低

碳转型。为实现碳达峰碳中和目标，到 2060 年非化石能源消费比重需要从 2024 年的 19.8% 提高至 80% 以上，风电、太阳能发电等新能源将成为主体能源。因此，亟需加快规划建设新型能源体系，不断提升新能源在能源系统中的比例，支撑实现能源结构颠覆性调整目标。

（三）新型能源体系是把握新一轮工业革命机遇的关键领域

当前，新一轮科技革命和产业变革深入发展，高技术领域成为国际竞争最前沿和主战场，深刻重塑全球秩序和发展格局。新能源和人工智能、物联网等先进数字信息技术是新一轮科技革命和产业变革的重要驱动力量。一方面，新能源技术发展推动能源竞争格局从“资源依赖”向“技术驱动”转换，谁能掌握风光发电、新型储能、氢能、核聚变等新兴产业和未来产业的发展优势，谁就能拥有经济社会发展的不竭动力。另一方面，通过建设新型能源体系，推动能源和数字信息技术紧密融合，催生绿色供用能新模式，将有力支撑绿色制造、绿色智能计算等产业发展。因此，亟需加快规划建设新型能源体系，把握新一轮科技革命和产业变革的历史机遇，着力构建现代化产业体系，为实现中华民族伟大复兴提供坚强能源支持。

二、新型能源体系的总体要求与新特征

（一）国家对新型能源体系的总体要求

党的十八大以来，习近平总书记多次对能源发展作出重要指示批示，党的二十大和二十届三中全会、中央经济工作会、政府工作报告对新型能源体系建设提出了一系列要求。2025年全国能源工作会议强调，要坚持以科技创新为引领、体制改革为动力、安全充裕为前提、经济可行为基础，逐步建立以非化石能源为供应主体、化石能源为兜底保障、新型电力系统为关键支撑、绿色智慧节约为用能导向的新型能源体系。

规划建设新型能源体系，必须坚持以习近平新时代中国特色社会主义思想为指导，深入践行“四个革命、一个合作”能源安全新战略，坚决贯彻落实党中央、国务院以及国家能源主管部门对新型能源体系的相关要求。

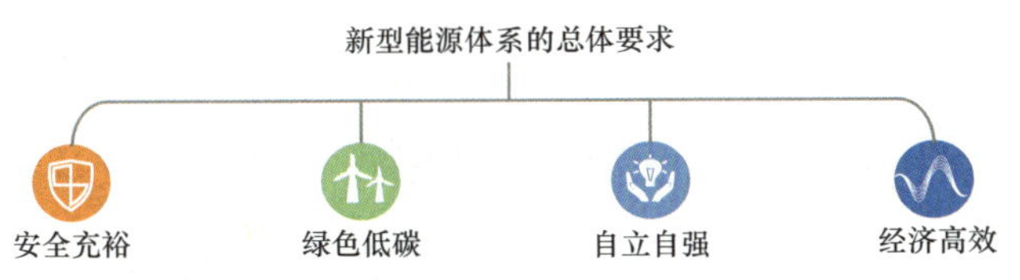

图 1　新型能源体系的总体要求

1. 安全充裕

2014 年 6 月 13 日，习近平总书记主持召开中央财经领导小组会议强调，能源安全是关系国家经济社会发展的全局性、战略性问题，对国家繁荣发展、人民生活改善、社会长治久安至关重要。2021 年 10 月 21 日，习近平总书记考察调研胜利油田时强调，能源的饭碗必须端在自己手里。2023 年 7 月 17 日，习近平总书记在全国生态环境保护大会上强调，要立足国情，坚持先立后破，加快规划建设新型能源体系，确保能源安全。2024 年 2 月 29 日，习近平总书记在中共中央政治局第十二次集体学习时指出，能源安全事关经济社会发展全局。

规划建设新型能源体系，要坚持统筹发展和安全，坚持底线思维，立足我国能源资源禀赋，着力补强能源安全短板，提升能源自主保障能力和系统韧性，把维护国家安全的战略主动权牢牢掌握在自己手中。立足国内多元供应保安全，大力推进煤炭清洁高效利用，加大油气资源勘探开发和增储上产力度，传统能源逐步退出必须建立在新能源安全可靠的替代基础上，

构建形成煤、油、气、核、新能源、可再生能源多轮驱动的能源供应体系，同步加强能源输配网络和调储设施建设。优化海外资源保障能力，以互利共赢的方式充分用好国际国内两个市场、两种资源，在有效防范对外投资风险的前提下加强同有关国家的能源资源合作。

2014年6月13日，中共中央总书记、国家主席、中央军委主席、中央财经领导小组组长习近平主持召开中央财经领导小组第六次会议，研究我国能源安全战略。习近平发表重要讲话强调，能源安全是关系国家经济社会发展的全局性、战略性问题，对国家繁荣发展、人民生活改善、社会长治久安至关重要。面对能源供需格局新变化、国际能源发展新趋势，保障国家能源安全，必须推动能源生产和消费革命。推动能源生产和消费革命是长期战略，必须从当前做起，加快实施重点任务和重大举措。

习近平在讲话中指出，经过长期发展，我国已成为世界上最大的能源生产国和消费国，形成了煤炭、电力、石油、天然气、新能源、可再生能源全面发展的能源供给体系，技术装备水平明显提高，生产生活用能条件显著改善。尽管我国能源发展取得了巨大成绩，但也面临着能源需求压力巨大、能源供给制约较多、能源生产和消费对生态环境损害严重、能源技术水平总体落后等挑战。我们必须从国家发展和安全的战略高度，审时度势，借势而为，找到顺应能源大势之道。

习近平就推动能源生产和消费革命提出5点要求。第一，推动能源消费革命，抑制不合理能源消费。坚决控制能源消费总量，有效落实节能优先方针，把节能贯穿于经济社会发展全过程和各领域，坚定调整产业结构，高度重视城镇化节能，树立勤俭节约的消费观，加快形成能源节约型社会。第二，推动能源供给革命，建立多元供应体系。立足国内多元供应保安全，大力推进煤炭清洁高效利用，着力发展非煤能源，形成煤、油、气、核、新能源、可再生能源多轮驱动的能源供应体系，同步加强能源输配网络和储备设施建设。第三，推动能源技术革命，带动产业升级。立足我国国情，紧跟国际能源技术革命新趋势，以绿色低碳为方向，分类推动技术

创新、产业创新、商业模式创新，并同其他领域高新技术紧密结合，把能源技术及其关联产业培育成带动我国产业升级的新增长点。第四，推动能源体制革命，打通能源发展快车道。坚定不移推进改革，还原能源商品属性，构建有效竞争的市场结构和市场体系，形成主要由市场决定能源价格的机制，转变政府对能源的监管方式，建立健全能源法治体系。第五，全方位加强国际合作，实现开放条件下能源安全。在主要立足国内的前提条件下，在能源生产和消费革命所涉及的各个方面加强国际合作，有效利用国际资源。

2. 绿色低碳

2021 年 3 月 15 日，习近平总书记主持召开中央财经委员会第九次会议强调，要以能源绿色低碳发展为关键，坚定不移走生态优先、绿色低碳的高质量发展道路。2021 年 11 月 1 日，习近平主席向《联合国气候变化框架公约》第二十六次缔约方大会世界领导人峰会发表书面致辞时强调，要加快推进能源绿色低碳转型。2024 年 2 月 29 日，习近平总书记在中共中央政治局第十二次集体学习时强调，积极发展清洁能源，推动经济社会绿色低碳转型，已经成为国际社会应对全球气候变化的普遍共识。

规划建设新型能源体系，要坚持先立后破，加快推进能源结构调整优化。大力发展可再生能源，统筹水电开发和生态保护，积极安全有序发展核电，有序推进大型风电、光伏基地和电力外送通道规划建设，注重水电等优势传统能源与风电、光伏、氢能等新能源的多能互补、深度融合。推动能耗双控逐步转向碳排放双控，持续推进生产方式和生活方式绿色低碳转型，有序推进重点行业节能降碳，重点控制煤炭等化石能源消费，实施可再生能源替代行动，着力提高能源利用效率，倡导简约适度、绿色低碳生活方式。

3. 自立自强

2018 年 5 月 28 日，习近平总书记在中国科学院第十九次院士大会、中国工程院第十四次院士大会上讲话指出，科学技术从来没有像今天这样深刻影响着国家前途命运，从来没有像今天这样深刻影响着人民生活福祉。2021 年 5 月 28 日，习近平总书记在两院院士大会、中国科协第十次全国代表大会上发表重要讲话强调，要坚持把科技自立自强作为国家发展的战略支撑。2024 年 2 月 29 日，习近平总书记在中共中央政治局就新能源技

术与我国的能源安全进行第十二次集体学习时强调，实现科技自立自强，既要把握当今科技发展的大方向，又要坚持以我为主，突出问题导向和需求导向，提升科技创新投入效能。

规划建设新型能源体系，要瞄准世界能源科技前沿，聚焦能源关键领域和重大需求，合理选择技术路线，发挥新型举国体制优势，加强关键核心技术联合攻关，强化科研成果转化运用，把能源技术及其关联产业培育成带动我国产业升级的新增长点，促进新质生产力发展。推动能源技术与现代信息、新材料和先进制造技术深度融合，加快工业领域低碳工艺革新和数字化转型，探索能源生产和消费新模式。狠抓绿色低碳技术攻关，加快先进适用技术研发和推广应用。建立完善绿色低碳技术评估、交易体系，加快创新成果转化。创新人才培养模式，鼓励高等学校加快相关学科建设。深化新能源科技创新国际合作，加强能源技术标准合作。

2024年2月29日，中共中央政治局就新能源技术与我国的能源安全进行第十二次集体学习。中共中央总书记习近平在主持学习时强调，能源安全事关经济社会发展全局。积极发展清洁能源，推动经济社会绿色低碳

转型，已经成为国际社会应对全球气候变化的普遍共识。我们要顺势而为、乘势而上，以更大力度推动我国新能源高质量发展，为中国式现代化建设提供安全可靠的能源保障，为共建清洁美丽的世界作出更大贡献。

习近平指出，党的十八大以来，我国新型能源体系加快构建，能源保障基础不断夯实，为经济社会发展提供了有力支撑。同时也要看到，我国能源发展仍面临需求压力巨大、供给制约较多、绿色低碳转型任务艰巨等一系列挑战。应对这些挑战，出路就是大力发展新能源。

习近平强调，我国风电、光伏等资源丰富，发展新能源潜力巨大。经过持续攻关和积累，我国多项新能源技术和装备制造水平已全球领先，建成了世界上最大的清洁电力供应体系，新能源汽车、锂电池和光伏产品还在国际市场上形成了强大的竞争力，新能源发展已经具备了良好基础，我国成为世界能源发展转型和应对气候变化的重要推动者。

习近平指出，要统筹好新能源发展和国家能源安全，坚持规划先行、加强顶层设计、搞好统筹兼顾，注意处理好新能源与传统能源、全局与局部、政府与市场、能

源开发和节约利用等关系，推动新能源高质量发展。

习近平强调，要瞄准世界能源科技前沿，聚焦能源关键领域和重大需求，合理选择技术路线，发挥新型举国体制优势，加强关键核心技术联合攻关，强化科研成果转化运用，把能源技术及其关联产业培育成带动我国产业升级的新增长点，促进新质生产力发展。

习近平指出，要适应能源转型需要，进一步建设好新能源基础设施网络，推进电网基础设施智能化改造和智能微电网建设，提高电网对清洁能源的接纳、配置和调控能力。加快构建充电基础设施网络体系，支撑新能源汽车快速发展。

习近平强调，要深化新能源科技创新国际合作。有序推进新能源产业链合作，构建能源绿色低碳转型共赢新模式。深度参与国际能源治理变革，推动建立公平公正、均衡普惠的全球能源治理体系。

习近平最后强调，实现科技自立自强，既要把握当今科技发展的大方向，又要坚持以我为主，突出问题导向和需求导向，提升科技创新投入效能。

4. 经济高效

2021 年 7 月 9 日，习近平总书记主持召开中央全面深化改革委员会第二十次会议强调，要持续深化供给侧结构性改革，统筹推进重要领域和关键环节改革，强化有利于提高资源配置效率、有利于调动全社会积极性的重大改革。2023 年 7 月 11 日，习近平总书记主持召开中央全面深化改革委员会第二次会议强调，要加快构建清洁低碳、安全充裕、经济高效、供需协同、灵活智能的新型电力系统。2024 年 12 月 11 日至 12 日，中央经济工作会议明确要求，必须统筹好做优增量和盘活存量的关系，全面提高资源配置效率。

规划建设新型能源体系，要持续深化能源体制机制改革，充分发挥市场在资源配置中的决定性作用，更好发挥政府作用，既“放得活”又“管得住”，创造更加公平、更有活力的市场环境，激发全社会内生动力和创新活力，实现资源配置效率最优化和效益最大化。推进能源行业自然垄断环节独立运营和竞争性环节市场化改革，健全监管体制机制，推进能源领域价格改革。健全煤炭清洁高效利用机制。进一步深化石油天然气市场体系改革，加强产供储销体系建设，优化油气管网运行调度机制。健全适应新型电力系统的体制机制，建设全国统一电力市场，加强电力技术创新、市场机制创新、商业模式创新，持续

推动电力系统向适应大规模高比例新能源方向演进，建设智能高效的调度运行体系，提升系统运行效率，降低综合用能成本。

2023 年 7 月 11 日，中共中央总书记、国家主席、中央军委主席、中央全面深化改革委员会主任习近平主持召开中央全面深化改革委员会第二次会议，审议通过了《关于建设更高水平开放型经济新体制促进构建新发展格局的意见》《深化农村改革实施方案》《关于推动能耗双控逐步转向碳排放双控的意见》《关于高等学校、科研院所薪酬制度改革试点的意见》《关于进一步深化石油天然气市场体系改革提升国家油气安全保障能力的实施意见》《关于深化电力体制改革加快构建新型电力系统的指导意见》。

习近平在主持会议时强调，要立足我国生态文明建设已进入以降碳为重点战略方向的关键时期，完善能源消耗总量和强度调控，逐步转向碳排放总量和强度双控制度。要围绕提升国家油气安全保障能力的目标，针对油气体制存在的突出问题，积极稳妥推进油气行业上、中、下游体制机制改革，确保稳定可靠供应。要深化电力体制改革，加快构建清洁低碳、安全充裕、经济高效、

供需协同、灵活智能的新型电力系统，更好推动能源生产和消费革命，保障国家能源安全。

会议指出，党的十八大以来，我们把绿色低碳和节能减排摆在突出位置，建立并实施能源消耗总量和强度双控制度，有力促进我国能源利用效率大幅提升和二氧化碳排放强度持续下降。从能耗双控逐步转向碳排放双控，要坚持先立后破，完善能耗双控制度，优化完善调控方式，加强碳排放双控基础能力建设，健全碳排放双控各项配套制度，为建立和实施碳排放双控制度积极创造条件。要一以贯之坚持节约优先方针，更高水平、更高质量地做好节能工作，用最小成本实现最大收益。要把稳工作节奏，统筹好发展和减排关系，实事求是、量力而行，科学调整优化政策举措。

会议指出，要进一步深化石油天然气市场体系改革，加强产供储销体系建设。要加大市场监管力度，强化分领域监管和跨领域协同监管，规范油气市场秩序，促进公平竞争。要深化油气储备体制改革，发挥好储备的应急和调节能力。

会议强调，要科学合理设计新型电力系统建设路径，在新能源安全可靠替代的基础上，有计划分步骤逐步降低传统能源比重。要健全适应新型电力系统的体制机制，推动加强电力技术创新、市场机制创新、商业模式创新。要推动有效市场同有为政府更好结合，不断完善政策体系，做好电力基本公共服务供给。

（二）新型能源体系的新特征

构建新型能源体系，要立足我国能源资源禀赋，锚定支撑全面建成社会主义现代化强国和实现“双碳”目标，由远及近、远近结合，探索具有中国特色的能源体系建设路径。为满足经济社会发展用能需要，以 2060 年碳中和为重要约束条件，本书对 2060 年、2050 年、2035 年等若干重要时间节点能源生产和消费、总量和结构等进行了深入分析。从分析结果看，富煤、贫油、少气、可再生能源丰富的能源资源禀赋决定了我国必须建设多轮驱动的能源供应体系，非化石能源将逐步成为主体能源，其中风能、太阳能将成为主要构成。新体系下，能源品种结构将发生根本性变化，打通品种替代是构建新型能源体系的关键路径，必须加强能源品种之间互相转化和互相支援能力；新体系下，新能源快速发展导致系统低能量密度、高不确定性特征逐渐凸显，需加强供需两侧协同互动和统筹布局，提高系统调储能力和运行灵活性，构建安全高效的供给消纳新体系；新体系下，产业转型发展亟待加强创新驱动，通过科技创新和政策创新支撑，推动供给结构调整，加快消费方式变革，引领场景与模式创新，构建新能源与传统能源多元融合、供给与消费协同、科技与政策支撑、多维多轮驱动的转型新格局。

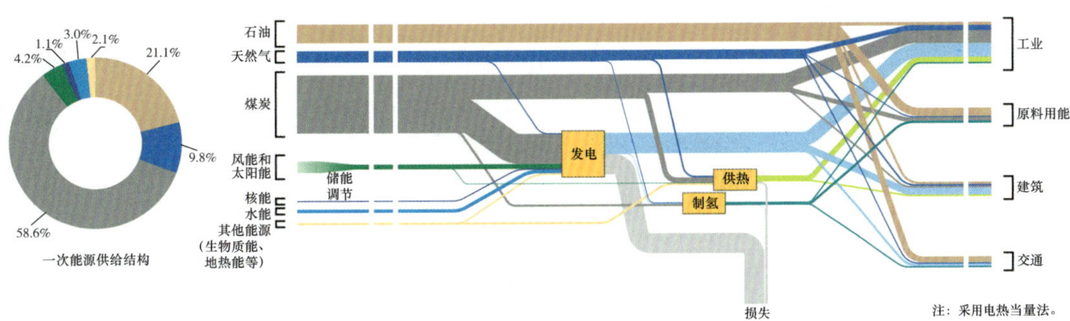

图 2　2024 年能流示意图

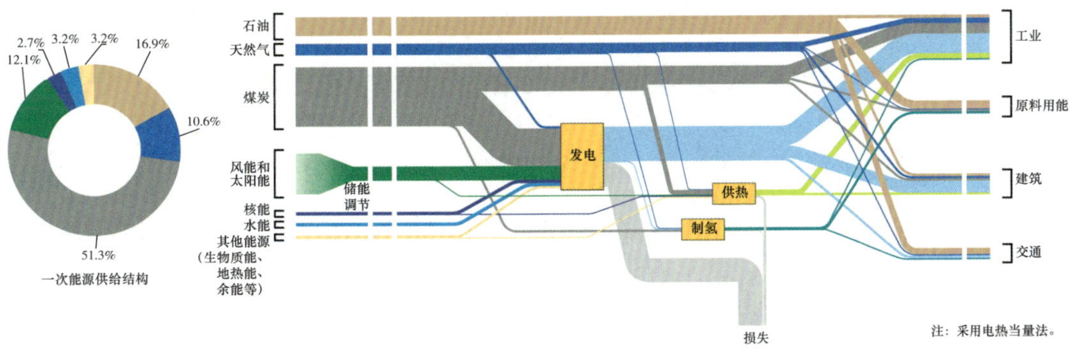

图 3　2035 年能流示意图

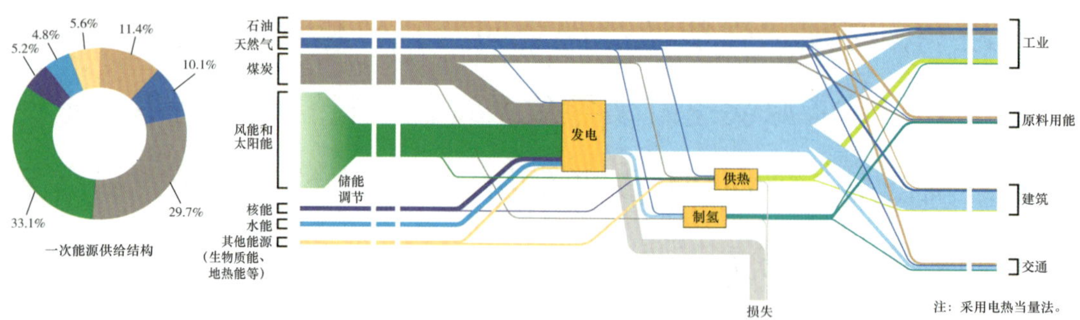

图 4 2050 年能流示意图

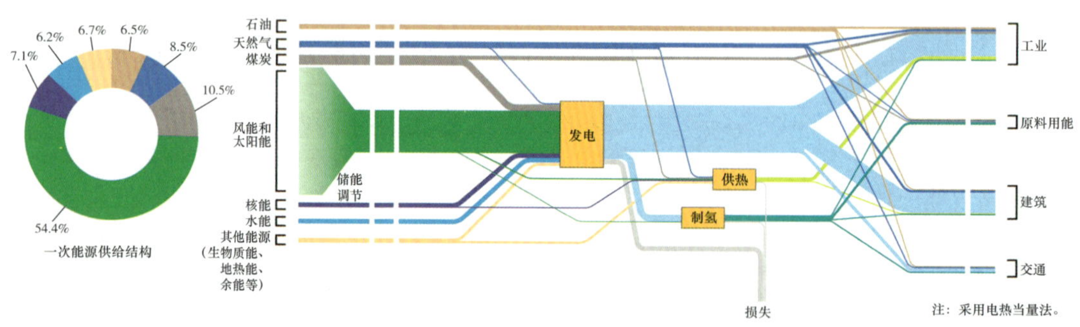

图 5 2060 年能流示意图

1. 转化方式新：系统多元融通

传统能源体系中，能源品种间的天然壁垒决定了终端电力和燃料、原料等相对独立，新能源主要用于发电，转化利用路径单一，品种之间缺乏互供互保和统筹优化，对保障安全和提高效率都造成了一定制约。

新型能源体系中，化石能源逐步达峰并下降，非化石能源规模不断扩大，增量组合将呈现多元化。其中水能、核能能量密度高，是供给体系中的重要基础；风能、太阳能具有丰富的资源禀赋，逐步成为重要主体，地热能、生物质能、海洋能等也是重要组成部分。作为非化石能源的重要主体，风能、太阳能可转换为电、氢、热等多品种二次能源，实现电—氢—热系统的耦合发展。其中氢是实现跨品种转化的枢纽关键，氢能可转化为清洁燃料、化工原料和工业还原剂等，打通对化石能源的高效替代路径。通过氢基能源对终端燃料用能、原料用能、焦炭等工业还原剂的清洁替代，提升能源品种间转化互济能力，进而增强能源产业链供应链安全和韧性。在新型能源体系下，通过品种替代能力提升，实现二次能源以及燃料、原料等系统的多元融通。系统间互相转化利用和互为

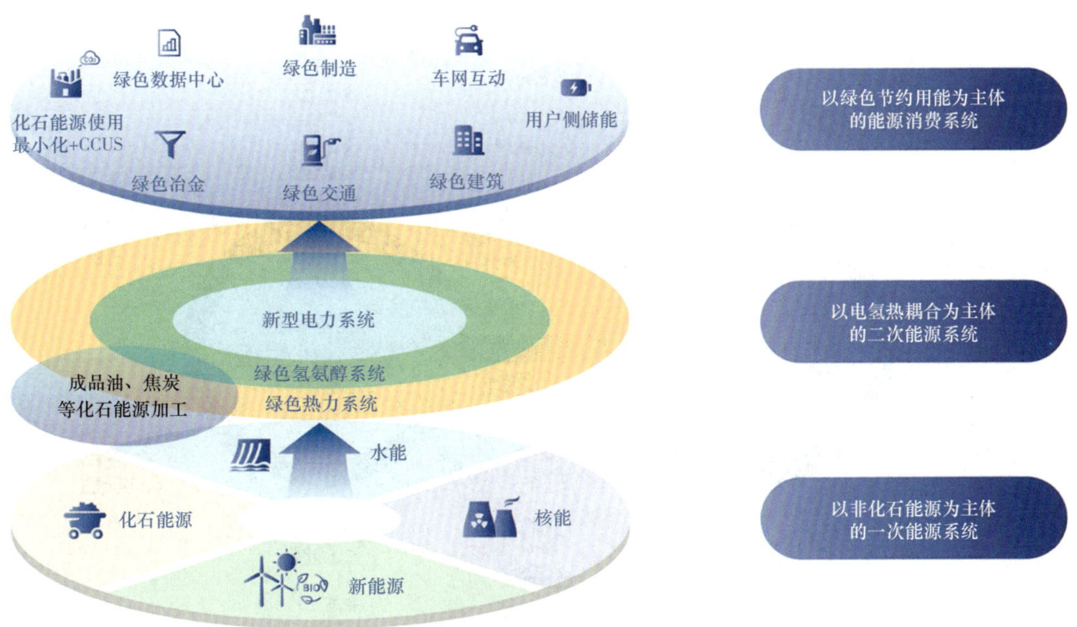

图 6　新型能源体系形态示意图

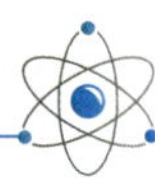

安全支援的能力大幅提升，供给品种更加多元，消费场景更加多样，多种能源输送方式并举，支撑新型能源体系安全高效运行。

2. 平衡方式新：供需双向协同

传统能源体系中，能源转型过度依赖供给侧结构调整，消费方式相对粗放，消费结构存在品种路径依赖；供给侧跟随需求变化进行调节，系统储备调节能力不足，消费侧灵活调节潜力未充分挖掘，对能源绿色低碳转型形成一定制约。

新型能源体系中，在绿色转型的总体要求下，供给侧由以传统能源为主逐步转向以非化石能源为主，能源供给侧要与消费侧协同发展，用能结构要与供给结构相适应，用能布局要与

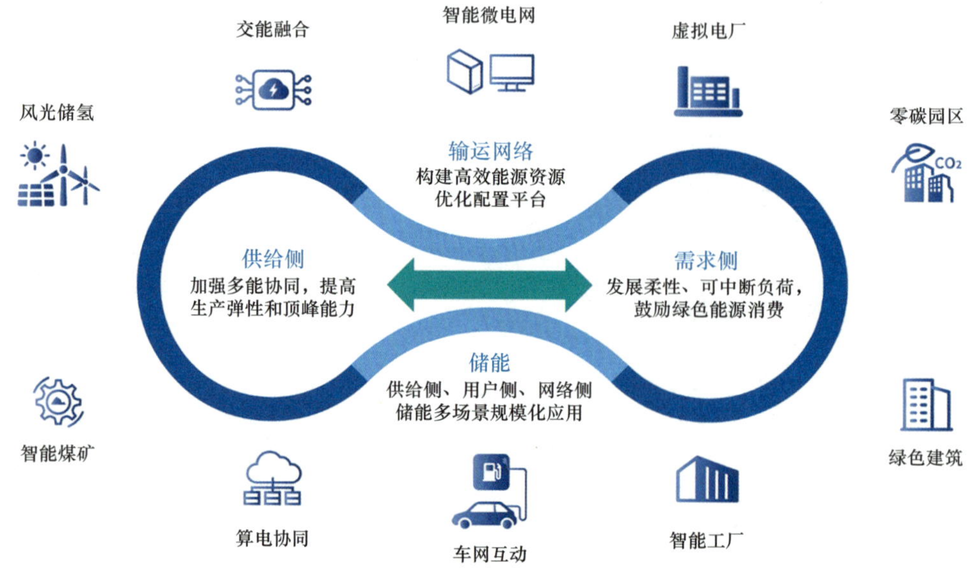

图 7　新型能源体系供需双向协同

新能源的资源分布相适应，用能特性也要与新能源的资源特点相适应，用能从“刚性”向“柔性”转变，消费侧由“被动依赖”向“主动参与”转变，供需两侧统筹布局、深度融合、协同互动，通过场景与模式创新，提升绿色能源在消费侧的渗透率，构建供给与消费双向协同的能源转型格局。

3. 运行方式新：高效灵活智能

传统能源系统中，各能源品种调度运行相对独立，市场主体类型相对简单，已经形成了比较成熟固定的系统运行模式，系统安全稳定有着较为坚强的保障。

新型能源体系中，新能源、储能、分布式供能系统、车网互动、虚拟电厂等广泛接入，市场主体数量和复杂程度急剧增加，既需要通过优化调度运行提升能源系统综合效能，解决新

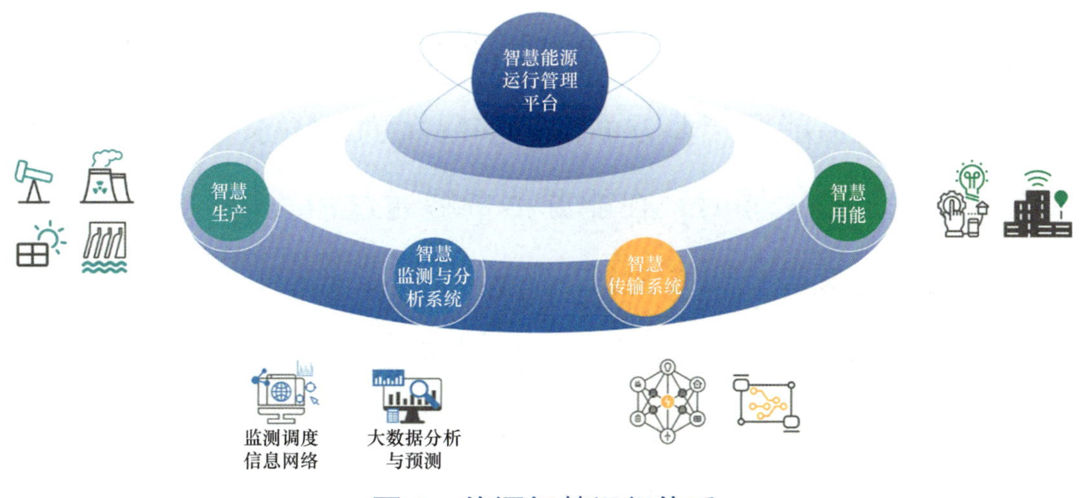

图 8　能源智慧运行体系

能源高能量密度转化、高比例消纳、系统调储高效调用等问题，也需要更加灵活的运行方式，提升能源系统运行效率和系统安全水平。数字信息技术将在新型能源体系中广泛应用，能源系统数字化智能化水平大幅提升，有力促进能源供应与用能产业融合发展，系统整体效率进一步提高，有效应对各种正常波动和干扰冲击，系统灵活性和韧性显著增强。

4. 产业体系新：创新融合发展

传统能源体系向新型能源体系转型，科技创新是实现能源产业发展的关键支撑。

新型能源体系中，能源科技自主创新能力显著增强，以战略性新兴产业、未来产业为显著特征的新质生产力不断培育壮大。当前，我国已在光伏产品、锂电池、新能源车等“新三样”方面形成了产业优势。随着能源转型发展和新型能源体系建设，在化石能源清洁高效利用以及可再生能源、先进核电、新型储能、氢能等清洁能源产业方面都面临巨大创新需求，将培育出更多能源支柱产业。同时，在能源消费端通过消费结构绿色转型、消费方式节能低碳，以“能源 +”模式，实现与工业、交通、建筑等行业深度创新融合发展，进而带动更大范围的科技创新和产业变革，助力绿色低碳循环发展经济体系建设，引领构建以新型能源体系为支撑的科技高水平自立自强的现代化产业体系。

图 9　新型能源产业体系示意图

5. 体制机制新：治理公平规范

传统能源体系向新型能源体系转型，体制机制创新是实现能源产业发展的保障支撑。

新型能源体系中，能源治理体系更加完善，治理方式更加高效，市场体系更加公平、更有活力，随着全国统一大市场的建设推进，能源将回归商品属性，围绕能源的能量、容量、绿色、调节、品质、响应等不同功能，市场体系加速完善，机制作用全面发挥。通过市场化手段引导实现节约用能、有序用能。能源价格改革、竞争性环节市场化改革和管理体制改革深入推进，能源绿色低碳转型体制机制持续完善，逐步建立全国统一

的能源市场，形成电碳协同的市场交易体系，有效激发各类市场主体参与能源转型的动力和活力。

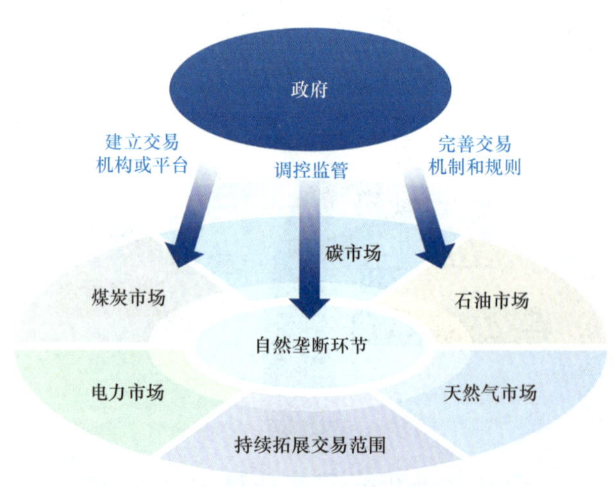

图 10　有效市场和有为政府相结合的能源治理体系

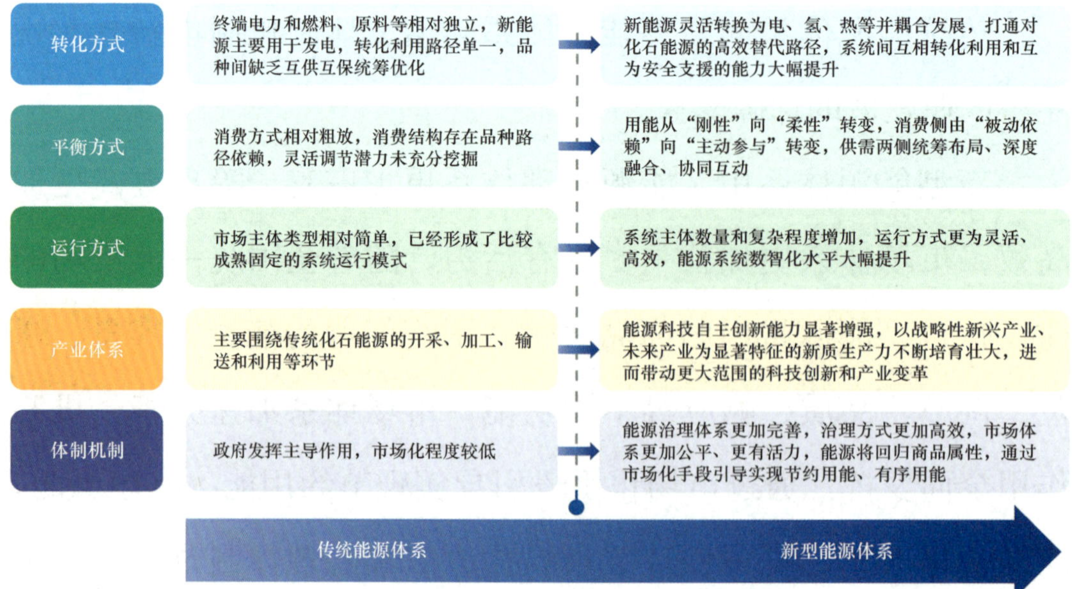

图 11　传统能源体系与新型能源体系的特征变化

三、构建新型能源体系需破解的重大关键问题

新型能源体系是由多品种、多环节、多要素相互作用、相互依存构成的复杂系统，将在转化方式、平衡方式、运行方式、产业体系、体制机制等方面发生全面性、根本性变化。为顺利推进新型能源体系建设，要抓住主导能源转型变革的主要矛盾和矛盾的主要方面，加强技术攻关，完善相关体制机制，点面结合、统筹联动，破解一系列重大关键问题。

（一）能源多品种互济保安全的问题

能源安全是关系国家经济社会发展的全局性、战略性问题，也是新型能源体系需要解决的首要问题。我国能源资源富煤、贫油、少气、可再生能源丰富，油气安全是我国能源安全的主要短板。近年来，我国在加大油气勘探开发、完善产供储销体系、加强国际合作等方面取得了显著成就，但受限于资源禀赋，油气对外依存度仍然居高不下。为保障油气安全，不仅要“开

源节流”，还要加快打通新能源对油气的高效替代路径，如新能源制绿色燃料等，从根本上解决油气自主供给能力不足的问题。另外，我国能源生产能力虽然总体上比较充足，但电力、天然气、煤炭等各品种经常出现区域性、时段性供应偏紧的问题，迫切需要建立多元融通、灵活转化、互供互保的能源供给体系，增强能源产业链供应链韧性和安全水平。

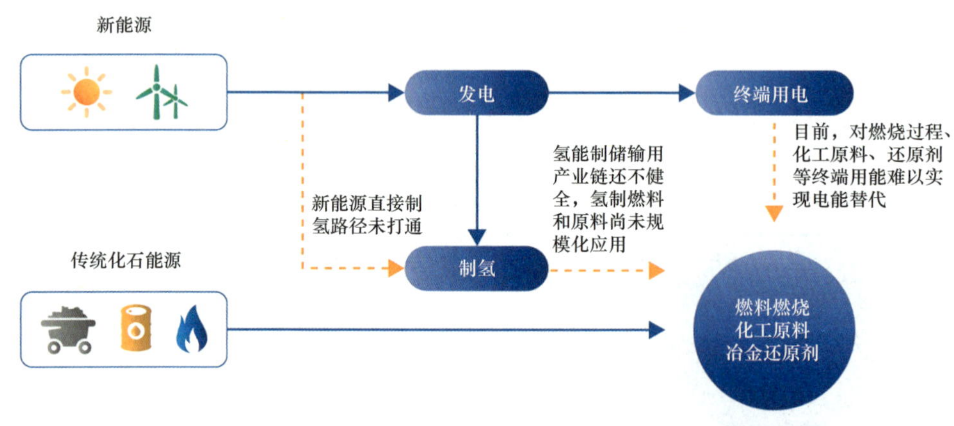

图 12　能源品种替代和互济有待打通

一是能源多品种转化融通有待加强。化石能源的退出需建立在新能源安全可靠替代的基础上，但当前新能源主要用于发电，转化利用路径单一，且尚不具备提供规模化电力替代的能力，电力系统消纳压力大，需加快探索新能源与传统能源之间高效转化替代方式，实现多能互补利用和安全供应。

二是绿氢规模化替代亟需破局。目前看，氢基能源最有望成为终端碳基能源的替代品种，但氢能发展还处于起步阶段，仍面临技术、成本、市场等多重因素制约，需要加快技术装备研发，拓展终端应用场景，加大政策支持力度，扶持重点试点示范项目，尽快推动氢能进入商业化、规模化发展阶段，早日实现对传统能源的替代。

（二）化石能源平稳有序退出的问题

实现“双碳”目标的关键在于控制化石能源消费。经测算，在充分考虑农林碳汇、海洋碳汇、碳捕集利用与封存等措施后，2060 年能源领域碳排放量需控制在 20 亿吨左右，不到目前的 1/5，与之相应的化石能源消费也必须大幅下降，仅能

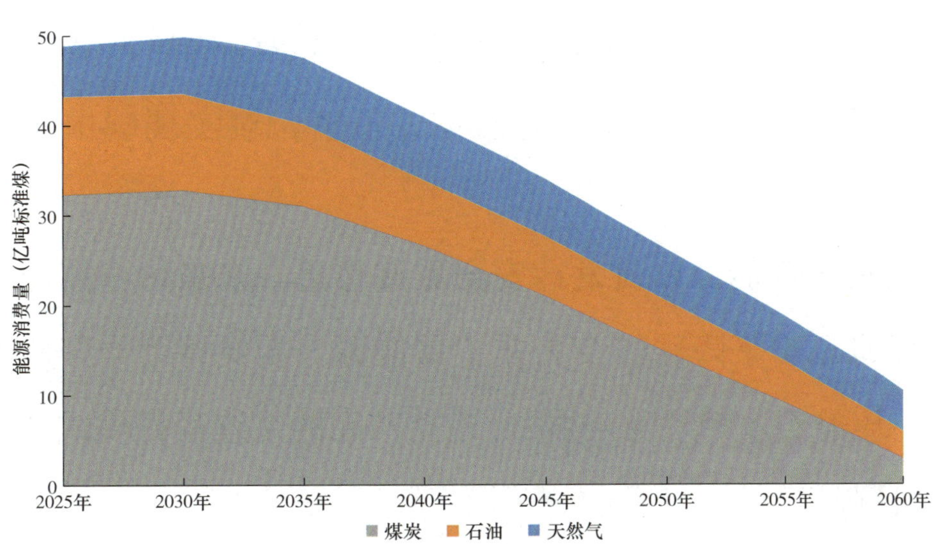

图 13　化石能源退出路径

保留10亿～14亿吨标准煤（不含原料用能）。随着能源结构中“看天吃饭”的可再生能源比例持续提高，化石能源在能源系统中的定位和作用由供应主体逐步转变为安全兜底能源，其安全责任更加凸显。未来需要统筹处理化石能源减量退出和安全兜底“两难”的矛盾，实现化石能源平稳有序退出。

一是化石能源消费如何有序达峰和下降。能源结构调整不能搞齐步走、一刀切，需要正确处理整体与局部、短期与中长期的关系，充分考虑各行业领域、各能源品种、各地区的实际情况，以及新能源安全可靠替代能力提升的进程，合理把握煤炭、石油、天然气消费达峰和下降的节奏。

二是必需的化石能源如何高效低碳利用。考虑到技术限制和安全需要，即使在碳中和情景下，化石能源也难以实现完全清零，如何提高这部分化石能源消费的清洁高效利用水平，以及相应的碳排放如何捕集或抵消，对实现碳中和至关重要。

三是化石能源如何发挥安全兜底作用。未来化石能源消费达峰后将逐步下降并转变为非主体能源，需要持续作好能源安全的“压舱石”和“稳定器”，建立匹配的系统运行模式和市场价格机制。

（三）非化石能源大规模供给面临制约的问题

在煤炭等不可再生资源储量有限、风光等资源分布广泛的条件下，新能源高质量发展对保障国家能源安全具有重大意义，有必要及早系统性实施高比例新能源供给方案。为实现“双碳”目标，据测算，到2060年我国非化石能源开发利用规模需增至目前的6倍左右，不能仅依靠某一种非化石能源，要坚持应开尽开、能用尽用，建立水、核、风、光、生物质、地热能、海洋能等多轮驱动的非化石能源供给体系。但需要注意到，各类非化石能源都面临自身发展的一些制约因素，还存在不少瓶颈问题亟待突破，需紧紧把握住化石能源退出前的关键窗口期，抓紧研究突破新能源供给消纳体系的关键问题，推动非化石能源开发利用规模不断壮大。

一是水电开发面临生态环境和开发条件等约束。水电是技术最成熟的可再生能源，具有出力稳定可控、调节能力强的特点，是建设新型电力系统的重要支撑。从资源条件来看，我国常规水电技术可开发量约6.87亿千瓦，位居世界第一，但当前已建和在建规模已近5亿千瓦，开发程度近70%，剩余待开发水电站建设面临的生态环境、地质地震、施工条件、移民搬迁、交通运输等问题更加复杂，开发难度大。

二是现有核电技术发展面临站址和核燃料约束。当前核电以第三代压水堆技术为主，具有出力稳定、单机容量大、能量密度高等优势，是重要的非化石能源利用方式，是新型电力系统的重要支撑电源。从核电站址资源看，经初步选址可支撑装机容量约4亿千瓦（含内陆核电），随着核电选址深入推进，还有一定增长空间，但与实现碳中和目标相比仍然相距甚远。从核燃料资源看，我国天然铀外采率比较高。此外，高温气冷堆、钠冷快堆、钍基熔盐堆等新一代核电技术成熟度不高，核聚变仍处在试验研究阶段。

三是风光发电发展面临用地用海和并网消纳问题约束。我国风能、太阳能资源丰富，技术日趋成熟，建设成本不断下降，具有广阔的发展前景，是建设新型电力系统的主体电源。西部大型风光基地主要面临并网消纳和送出问题制约，东中部地区陆上风光开发主要面临资源条件和用地制约，海上风电大规模开发主要面临海域使用、廊道资源等要素保障约束。

四是生物质能、地热能和海洋能利用仍受资源或技术限制。除水、核、风、光以外，可规模化开发利用的可再生能源还有生物质能、地热能、海洋能等，也是建设新型能源体系的重要组成部分。垃圾焚烧发电、农村沼气、生物液体燃料等生物质利用技术主要受资源量限制。地热能资源丰富，特别是中深层地热和干热岩地热资源蕴藏量巨大，但当前中深层地热能开发利用主要受资源分布不均制约，干热岩地热能利用技术尚处于早期。海洋能开发技术仍处于产业化初期阶段，且需应对复杂的海洋环境考验。

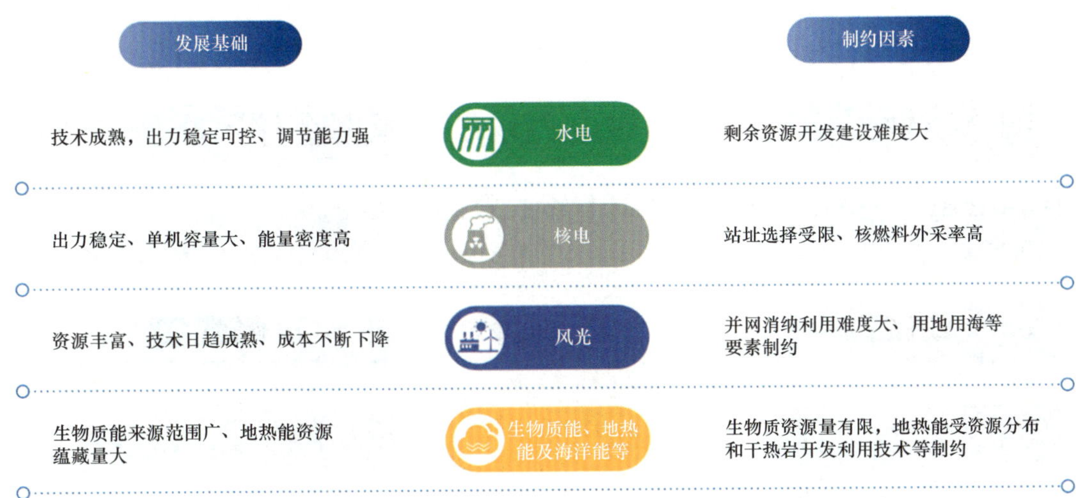

图 14　各类非化石能源开发利用特点

（四）电力系统调储能力不足的问题

如前文所述，各类非化石能源大规模发展均存在一定制约因素，在重大颠覆性技术（如核聚变）出现之前，充分挖掘现有资源和技术应用潜力，各种非化石能源均可实现增长，期间最有望“挑大梁”成为主体能源的是风电和光伏发电。风光发

电的最大特点是直接受天气影响，具有很强的间歇性、随机性和波动性。为适应风光发电大规模发展，必须大幅提高系统调储能力，提高新能源安全可靠替代水平，构建高比例新能源供给消纳体系。**一是解决不同时间尺度的电力供需平衡问题**。随着风光发电占比不断提高，电力供需平衡问题的时间尺度也在不断延伸，不仅要解决短时调频和日内调峰问题，关注日益突出的周内、月内电力电量平衡问题，远期还要破解新能源发电量的季节性不均衡问题，对电力系统“源网荷储”联动快速调节和电量大规模长时间存储提出了更高要求。

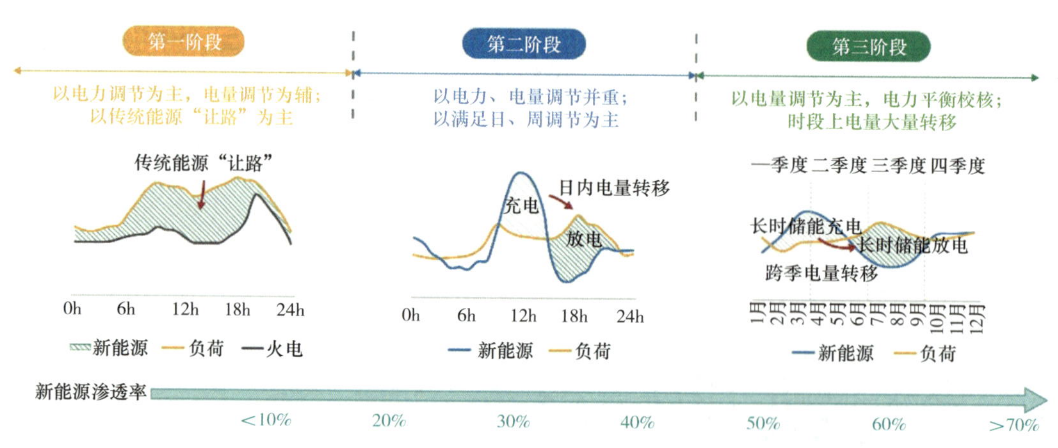

图 15 电力系统对调储能力的不同需求

二是解决高比例新能源电力系统的安全稳定问题。我国电网规模庞大、交直流送受端强耦合、电压层级复杂。随着新能源、新型储能、电动汽车和虚拟电厂等新型负荷、新型输电技术等电力技术快速发展，未来电力系统呈现高比例新能源和高比例电力电子设备的“双高”特征，低惯量、低阻尼、弱电压支撑等问题日益凸显，对电力系统安全稳定运行带来巨大挑战，对新型电力系统建设提出了更高要求。

（五）系统能量密度降低的问题

与传统能源相比，新能源具有能量密度低的特点，风光发电利用小时数显著低于常规电源。从占地面积看，为获取同样发电量，地面光伏发电站的占地面积是核电的数十倍。从发电小时数看，目前风光发电平均利用小时数约为煤电的 1/3、核电的 1/5。随着我国用电量不断增长，以及新能源比例提高，未来发电装机容量和电网规模都将呈现持续快速扩张态势，迫切需

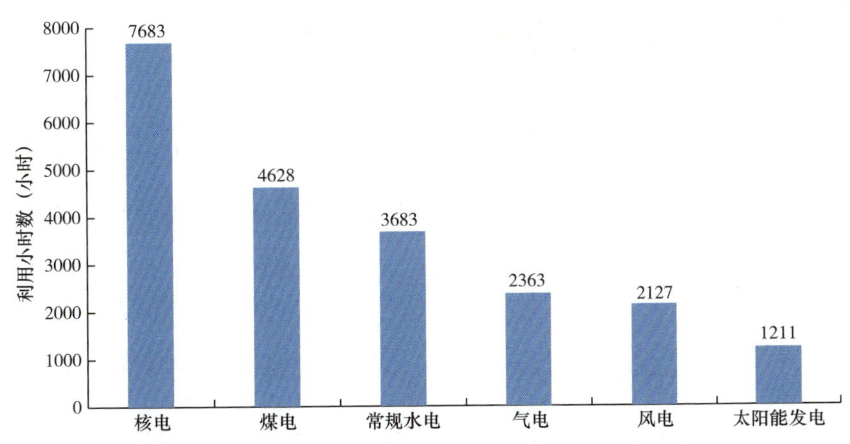

图 16　2024 年全国 6 兆瓦及以上电厂发电设备利用小时

注：数据来自中国电力企业联合会。

要探索资源环境友好、高效率、高能量密度的新能源发展路径。

一是新能源发电亟需从源端寻求提升能量密度的方式。风光发电能量密度较低，为获取相同电量，新能源装机规模需要大幅高于常规电源，从汇集、输送、供电到用户所需要的输变电容量、线路和走廊资源也成倍增加，亟需从源端提升自身能量密度，探索风光储一体化、光伏发电直流侧配储等源端就地提高发电利用小时数的路径，提升电力系统的综合效率。

二是新能源高能量密度多元转化路径尚未打通。需多途径探索新能源高能量密度转化利用方式，如新能源制高能量密度燃料、原料等。当前在新能源制绿色氢氨醇等方面已开展了一些试验示范工程，加快相关技术攻关、降低成本是促进新能源高能量密度多元转化和高质量发展的重要方向。

（六）消费侧节能降碳的问题

我国是能源消费第一大国，消费总量约占全球的28%，能源消费强度大，单位GDP能耗约为全球平均水平的1.5倍。当前，能源消费方式和结构、工业生产工艺流程、社会大众用能习惯等还不能适应绿色低碳转型和新能源大规模高比例发展的要求。今后一段时期，随着现代化产业体系构建完善，人民生活水平日益提高，我国能源需求增长潜力仍然旺盛。相比之下，欧洲、日本等一些发达国家从碳达峰到承诺碳中和的时间为70～80年，而我国要在能源消费增长过程中实现碳达峰，再用30年左右实现碳中和，面临极大的困难和挑战。构建新型能源体系，必须将消费侧纳入能源体系中统筹考虑，系统性解决消费侧节能降碳的问题。

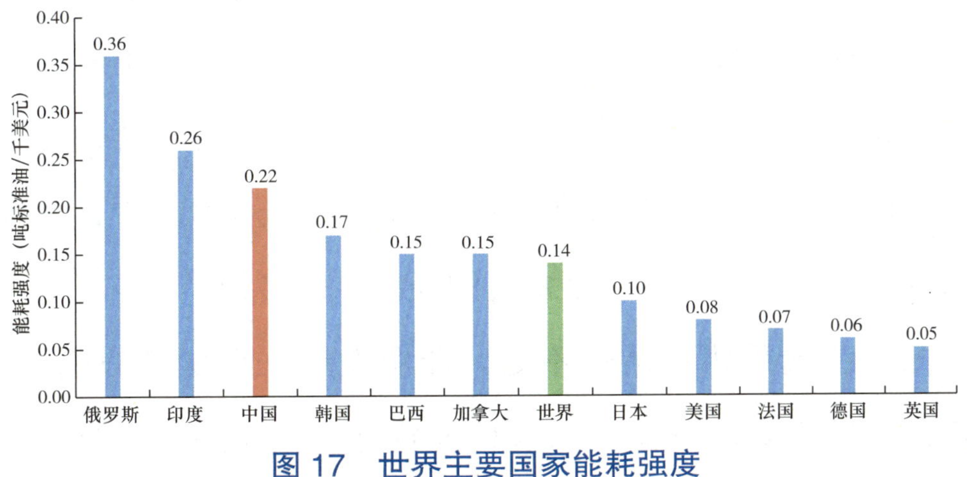

图 17　世界主要国家能耗强度

注：经济数据来自世界银行，按2023年价格水平；能耗数据来自《世界能源统计年鉴2024》。

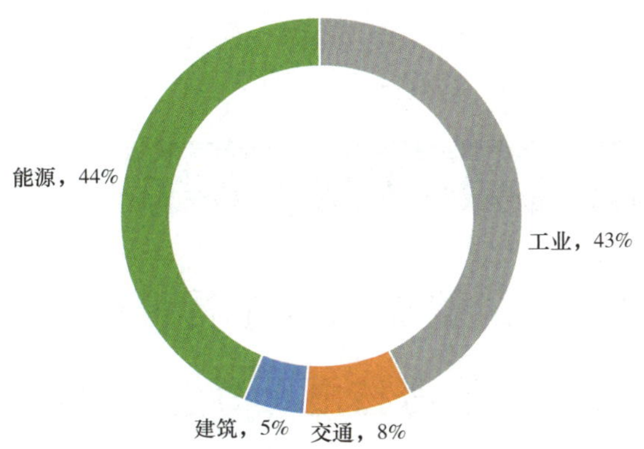

图 18　2024 年分领域碳排放占比

一是粗放型用能方式亟需转变。用户侧节能力度仍然不到位，围绕用户的煤、油、气、电、热等各类能源之间缺乏系统整体优化，能源梯级利用水平不高，能源综合利用效率有待提升，未来要全面建成社会主义现代化强国，必须以更高的能源利用效率支撑经济社会发展，否则资源环境难以承受。

二是终端用能结构需要深入调整。目前终端用能结构调整方式主要包括电能替代、天然气替代等，有效改善了终端用能清洁化水平，但从长远看，仅靠电能替代和天然气替代难以支撑实现碳中和目标，在冶金、化工、航空航运等领域，需要加快探索原料用能和燃料用能替代的经济可行路径。

三是终端用能灵活性不足。能源发展长期延续以需定供、源随荷动的模式，负荷可调节程度较低，工业用户生产工艺流程缺乏弹性，激励用户灵活用能的价格机制不完善。为适应新能源高比例发展，源荷双方实时感知、智能互动的水平仍有待加强。

（七）能源供需逆向分布的问题

我国能源生产和消费逆向分布特征明显，在积极开发东中部地区陆上新能源、沿海核电、海上风电的情况下，供需逆向分布的特征仍将持续存在。从资源分布看，82% 以上的水力资源集中在川滇藏青等地，90% 以上的陆上风光可开发资源在“三北”和西部地区。从消费分布来看，目前东中部地区能源消费约占全国的 70%，未来一段时期随着部分产业向西部地区转移，预计东中部地区能源消费增速低于西部地区，但其能源消费增量仍将占到全国的 60% 左右，东中部地区仅靠本地资源无法满足能源消费增长需求。有必要从供需两端同时入手，破解能源供需逆向分布问题。

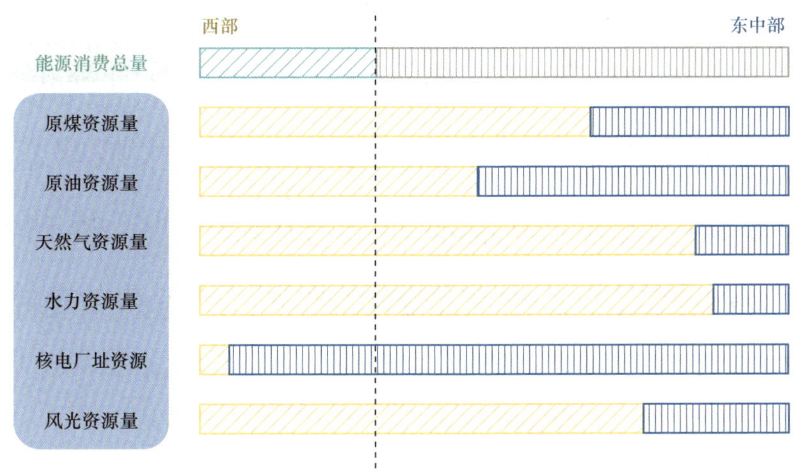

图 19　我国能源消费与主要资源分布

注：核电厂址资源主要基于初步选址规模统计。

一是新能源发电高比例远距离输送问题。新能源发电远距离输送是我国能源安全保供和跨区域供需平衡的重要手段。然而，未来新能源高比例远距离输送也存在若干制约因素亟待破解，如送端网架薄弱、同步电源支撑不足、线路走廊紧张、输

电价格机制有待完善等。

二是新能源"高能量密度"输送问题。将新能源转化为绿色氢氨醇等"高能量密度"能源输送至东中部地区，是西电东送的重要补充，可成为新能源远距离高效率输送的重要方式，但当前绿色氢氨醇成本明显偏高，输氢技术、绿氨绿色甲醇转化技术还不成熟，下游市场有待开拓，亟待加快规模化、商业化应用。

三是重点用能产业布局适配问题。推动能源密集型产业向西部新能源富集地区转移，是解决能源供需逆向分布，带动西部经济发展的重要举措。未来，结合国家重大战略落地实施，协同规划布局西部地区新能源开发与用能产业，推动实施"东产西移""西电西用"是破解能源供需逆向矛盾的重要手段。

四、新型能源体系建设重点任务及展望

加快规划建设新型能源体系，要坚持以习近平新时代中国特色社会主义思想为指导，深入践行“四个革命、一个合作”能源安全新战略，全面落实国家关于能源发展的决策部署，立足我国能源资源禀赋，把握未来能源发展趋势，锚定能源强国目标，聚焦重大关键问题，久久为功推动能源高质量发展，为推进中国式现代化、全面建成社会主义现代化强国提供支撑保障。

（一）加快形成绿色弹性能源消费体系

深入实施节能优先战略，加快调整能源消费结构，实施碳排放总量和强度双控制度，以工业、建筑、交通等行业领域为重点，推进消费侧用能清洁化替代，增强全民节能意识，加快形成绿色低碳的生产方式和生活方式。

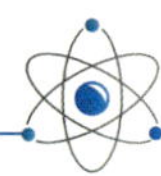

1. 切实转变能源消费方式

以提高能源利用效率为目标，合理控制能源消费总量，聚焦重点用能行业和领域，积极推广节能设备与智慧能源管理系统，开展能效对标行动，提高产业准入门槛，严格控制高耗能、高排放、低水平项目建设，推动消费端能源梯级利用和耦合利用，发展循环经济，强化二次能源回收利用，实施全民节能行动，倡导绿色低碳生活方式。预计 2035 年全国能源消费总量将超过 72 亿吨标准煤，此后进入缓慢增长的“饱和阶段”。到 2060 年，单位 GDP 能耗较当前下降 60% 左右。

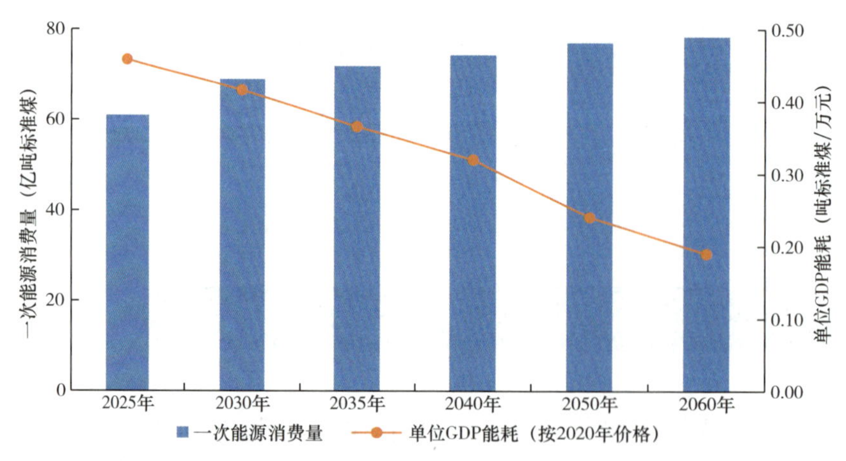

图 20　我国能源消费总量和能耗强度展望

2. 调整优化能源消费结构

从需求侧和供给侧双向协同发力，加快调整能源消费结构。深入推进终端用能清洁替代，提高能源消费电气化水平，加速氢能全链条发展，加大化工、冶金、交通等领域氢能替代支持力度，因地制宜推进非化石能源供热供暖、新能源制绿色燃料等多元化利用。提高需求侧响应能力，鼓励发展与新能源出力特性相匹配的灵活负荷、可中断负荷。推动用能产业和非化石能源开发协同布局、融合发展，积极推广零碳园区、绿电直连、智能微电网、源网荷储一体化等有利于提高绿色能源消费比重的供需新模式。从终端能源消费结构看，到 2035 年，电能占终端用能比例达到 40% 以上，氢能在终端实现规模化利用，占比达到 1% 左右；到 2060 年电能占终端用能比例达到 65% 左右，绿色氢氨醇占终端用能比例达到 10% 左右。从一次能源消费结构看，非化石能源在 2045 年之前成为主体能源，2060 年非化石能源消费比重达到 80% 以上。

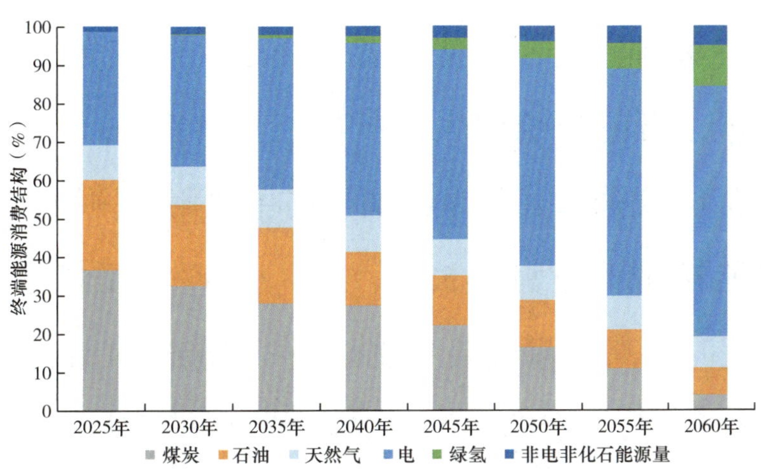

图 21　终端能源消费结构展望

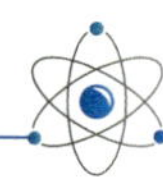

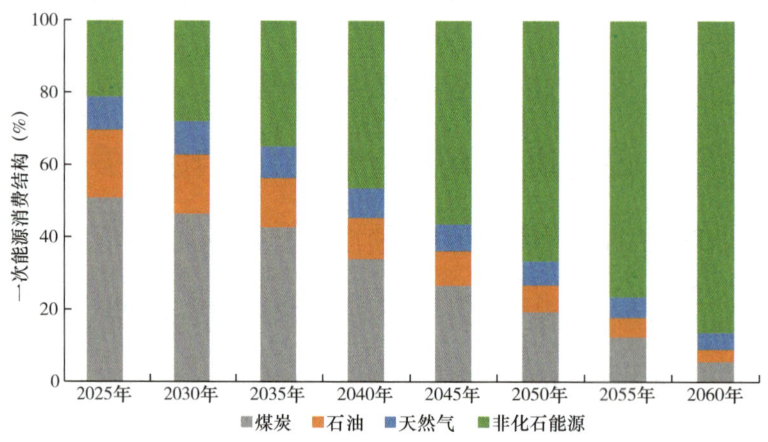

图 22　一次能源消费结构展望

3. 推进重点领域节能降碳

随着我国新型工业化、信息化、城镇化深入推进，新旧动能加速转换，重点用能领域能源消费呈现新趋势新特征。我国能源统计口径中 47 个细分行业部门可按相近程度进一步归整为农业、能源、钢铁、有色、建材、石化和化工、高技术及装备制造、消费品制造业、其他工业、交通、建筑等 11 个行业部门。经分析，当前传统四大高耗能行业（钢铁、有色、建材、石化和化工）、交通、建筑是我国当前主要用能领域，2024 年占全国终端能耗比重分别为 52%、13%、16%，是推进节能降碳的重点。同时，高技术及装备制造业、数据中心和信息通信行业用能增长迅速，“十四五”以来年均增速高达 8%、26%，预计到 2060 年占全国终端能耗比重由当前的 5%、1% 分别提升至

18%、8%，也是推动能源消费绿色低碳发展的关键方面。

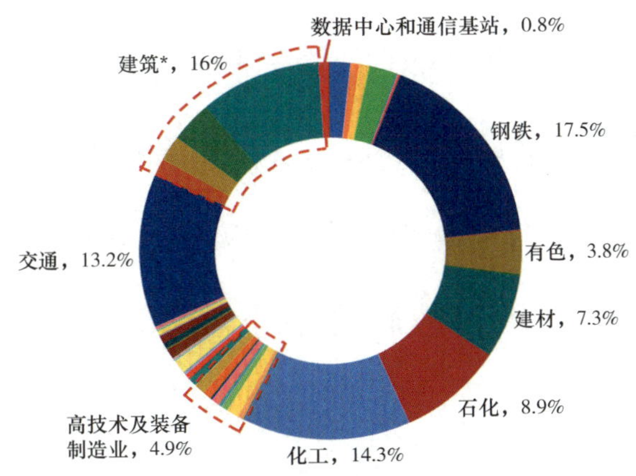

图 23　2024 年全国分行业终端能源消费结构

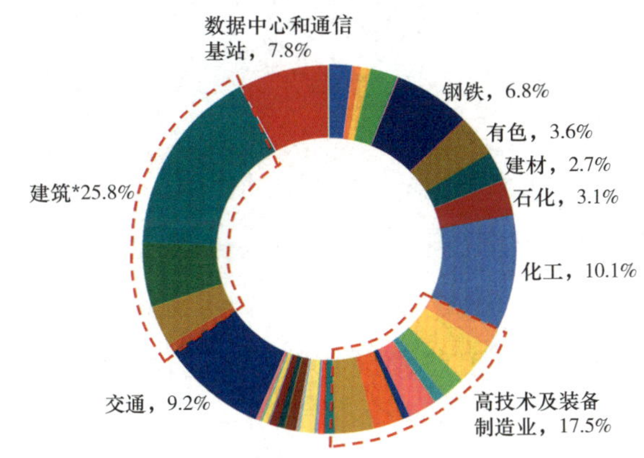

图 24　2060 年全国分行业终端能源消费结构

（1）工业领域。

当前，我国工业用能结构仍以化石能源为主，化石能源在终端能源消费中的占比约 66%。钢铁、建材、石化和化工、有

色四大传统高耗能行业是我国工业用能的主体，能耗占全部工业能耗的3/4左右。要以四大传统高耗能行业和高技术装备制造业为重点，加快推动工业领域节能降碳。预计2030年后，工业终端用能进入30亿吨标准煤左右的峰值平台期；到2060年，在工业终端用能结构中，电能占比达到60%，氢能占比达到10%左右，工业领域碳排放较峰值下降80%以上。

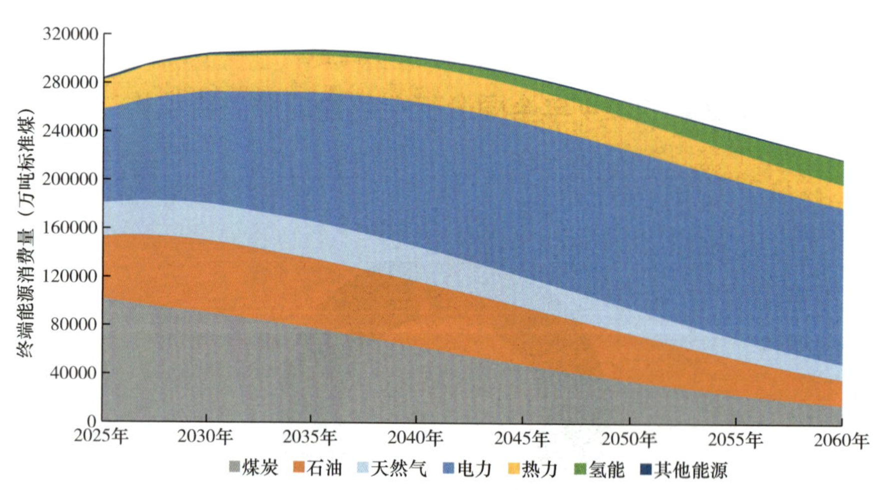

图25　工业领域终端能源消费展望

钢铁行业。加强余热余压回收利用，升级余能自发电装备，优化提升二次能源直接利用水平，因地制宜推进钢铁低品位余热用于城镇供暖供冷。提升电炉短流程炼钢比重，推动有条件的长流程炼钢转型为电炉短流程炼钢，完善废钢回收加工配送体系，促进资源高质高效利用。发展低碳冶炼新技术新模式，加快推进氢基直接还原、富氢熔融还原等非高炉炼铁技术攻关，鼓励利用现有高炉开展富氢碳循环氧气高炉低碳冶金，支持有条件的钢铁企业建设工业绿色微电网。钢铁行业能源消费随着粗钢需求下降而减少，短流程炼钢、氢冶炼发展推动用能结构持续优化，预计到 2035 年电能、氢能在钢铁行业终端用能的占比分别提升至 13%、2% 左右，到 2060 年进一步提升至 25%、28% 左右。

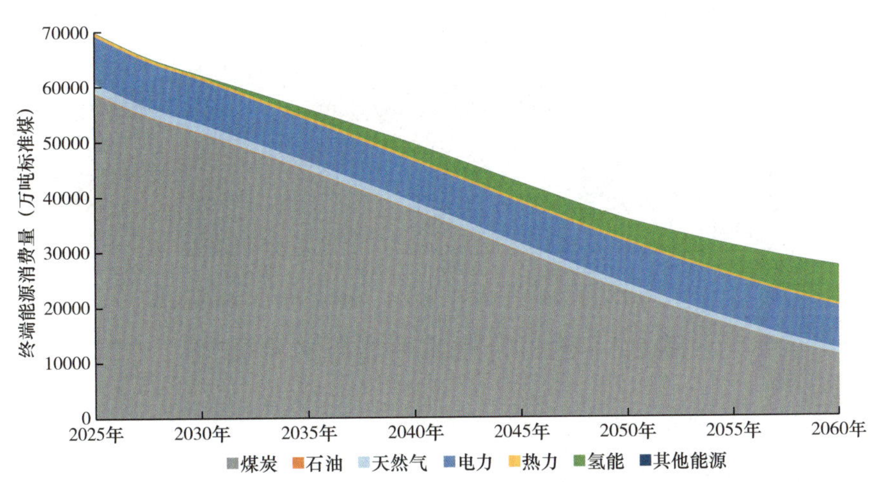

图 26　钢铁行业终端能源消费展望

建材行业。加快工业窑炉低碳化升级，推广全氧燃烧、富氧燃烧及电熔工艺，突破氢能煅烧技术瓶颈。加大替代燃料利用，支持生物质、可燃废弃物燃料等替代燃煤，推动替代燃料高热值、低成本、标准化预处理，完善农林废弃物规模化回收

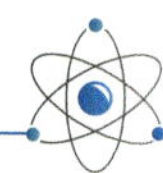

等上游产业链配套。加大低温余热高效利用技术研发推广力度，加快推广浮法玻璃一窑多线、陶瓷干法制粉、低阻旋风预热器、高效篦冷机等节能工艺和设备。预计到 2035 年、2060 年，电能在建材行业终端用能的占比分别达 19%、22%；到 2060 年，氢能占比达到 13% 左右。

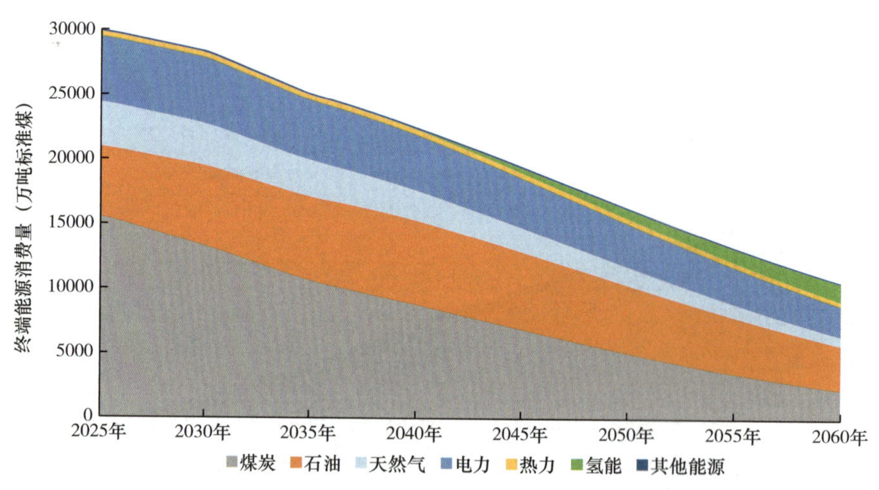

图 27　建材行业终端能源消费展望

石化和化工行业。推广低碳零碳生产工艺和工业流程再造技术应用，大力推进可再生能源替代，在合成氨、合成甲醇、石化等领域鼓励低碳氢规模化替代高碳氢，稳步提升绿色氢氨醇等新型原料比重，有序推进蒸汽驱动改电力驱动，鼓励大型石化化工园区探索利用核能供汽供热。实施能量系统优化，加强高压低压蒸汽、驰放气、余热余压等回收利用，推广高效换热器、大型高效压缩机、先进气化炉等节能设备。预计到2035年、2060年，电能在石化和化工行业终端用能的占比分别提升至13%、23%，绿氢占比分别达到约1%、20%。

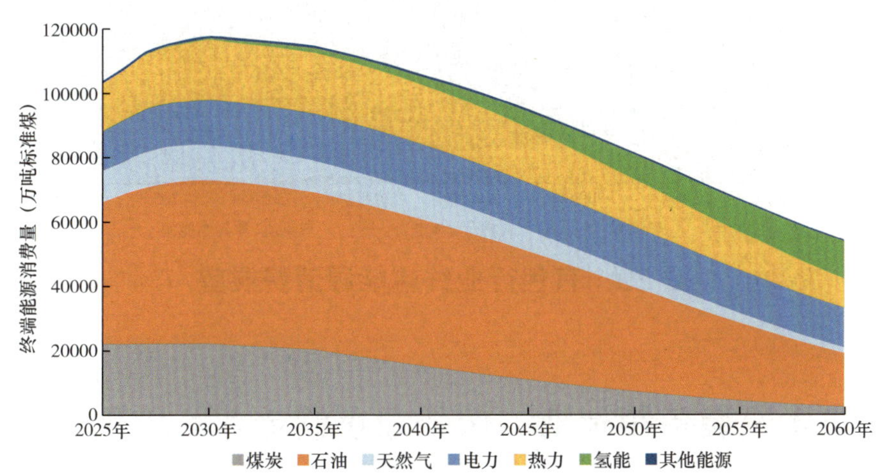

图28　石化和化工行业终端能源消费展望

有色行业。推动原生与再生、冶炼与加工产业集群化发展，缩短工艺流程，共用园区或电厂蒸汽，提高能源利用效率。大力发展再生有色金属产业，实现能源资源梯级利用和产业循环衔接。提高可再生能源使用比例，推动企业在资源环境可承载的前提下向可再生能源富集地区有序转移，重点推进电解铝项目与可再生能源发电协同发展，实施电解槽柔性化改造。当前电能在有色行业终端用能的占比为70%左右，预计2035年、2060年将进一步提升至80%、90%左右。

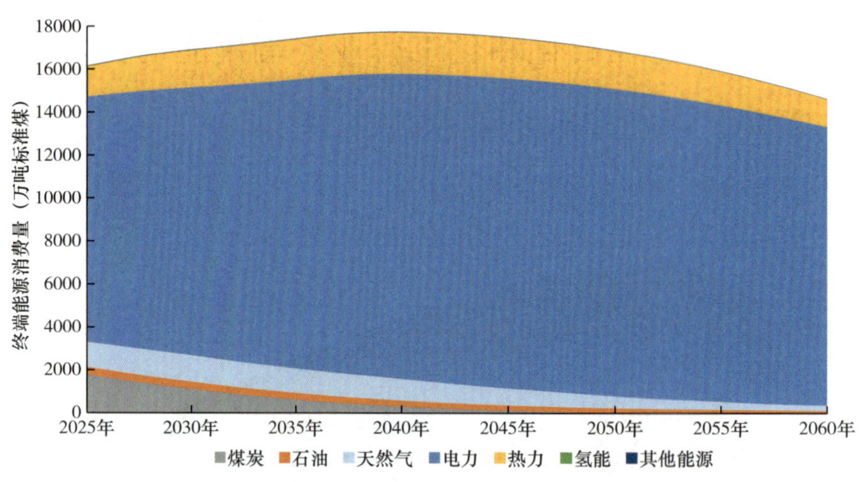

图 29　有色行业终端能源消费展望

高技术及装备制造业。做强绿色制造业，优化生产工序，创新研发一批先进绿色制造技术，推动重点工序节能降碳改造升级，大幅降低生产能耗。提升绿色电力消费比例，加强工业园区及周边可再生能源开发利用，支持园区与周边非化石能源发电资源匹配对接，科学配置储能等调节性资源，因地制宜发展绿电直连、零碳园区等供用能新模式，鼓励参与绿证绿电交易。预计到 2035 年、2060 年，电能在高技术及装备制造业终端用能的占比分别超过 80%、90%。

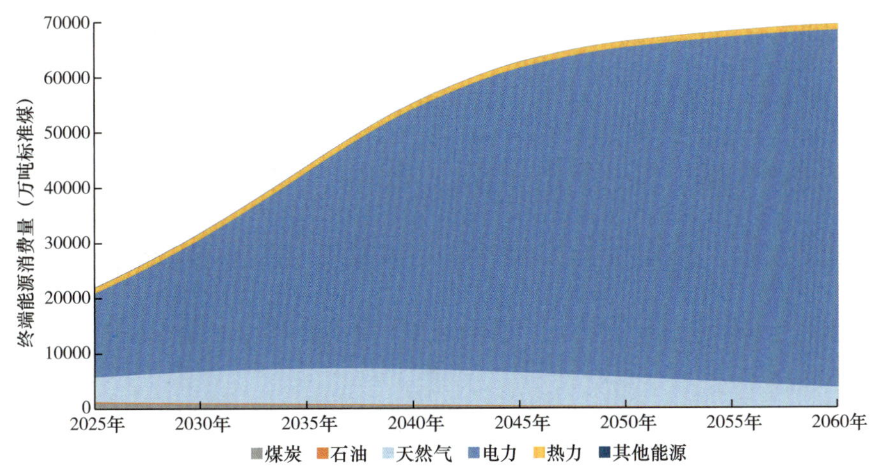

图 30　高技术及装备制造业终端能源消费展望

（2）交通领域。

当前，石油是交通领域用能的主体，占比约 84%。加快交通用油替代，不仅有利于减少二氧化碳和大气污染物排放，还有利于减少对进口石油的依赖，提升能源安全水平。要加快构建清洁低碳交通运输体系，持续推动运输结构调整优化，推进铁路专用线“进港区、进园区、进厂区”，完善国家铁路、公路、水运网络，推动不同运输方式合理分工、有效衔接，加快货运专用铁路和内河高等级航道网建设，提高绿色集疏运比例。推进交通用能绿色替代，在城市公交、出租汽车、城市物流配送等领域推广新能源汽车，推动中重型货车、船舶使用生物燃料、甲醇、绿氢等清洁能源，加强可持续航空燃料研发应用，提升机场、港口运行电动化智能化水平。建设绿色交通基础设

施，推进既有交通基础设施节能降碳改造提升，建设一批低碳（零碳）车站、机场、码头、高速公路服务区，因地制宜发展高速公路沿线光伏，完善充（换）电站、加氢（醇）站、岸电等基础设施网络。预计到 2035 年，电能、氢能在交通领域终端用能的占比分别达到 26%、1%；到 2060 年，其分别达到 50%、20% 左右。

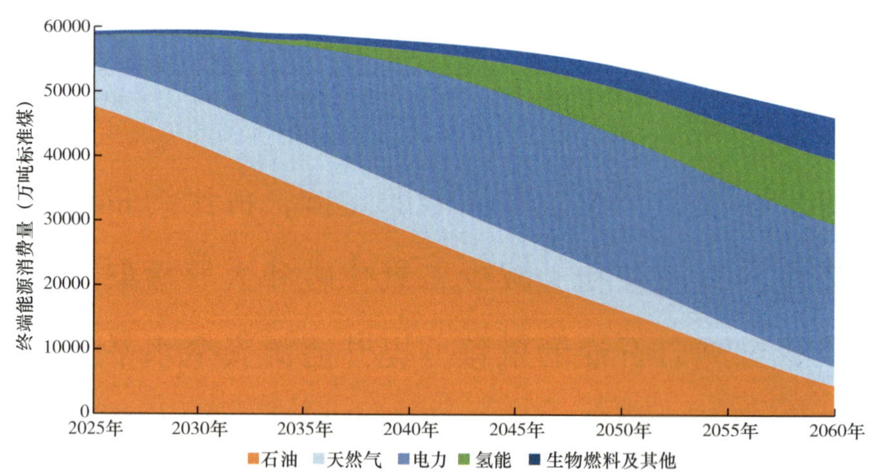

图 31　交通领域终端能源消费展望

（3）建筑领域。

建筑运行。持续优化存量，高标准发展增量，推进建筑供用能系统转型升级，提升建筑用能智慧化、低碳化水平。组织实施能效诊断，建立城市级数据库，结合城市更新实施老旧小区外墙保温和设备升级。优化新建建筑节能降碳设计，加快推动超低能耗建筑规模化发展。强化智慧运行管理，推广高效家电，加快推进供热计量改造，推动供热供冷系统智能化升级改造。实施建筑光伏一体化，推动工业厂房及公共建筑屋顶光伏全覆盖，探索家用和商用氢燃料电池冷热电联供模式，鼓励地热能、生物质能、太阳能、工业余热等供暖供热应用。到 2035 年、2060 年，在建筑领域终端用能结构中，电能占比分别达到 65%、80% 左右。

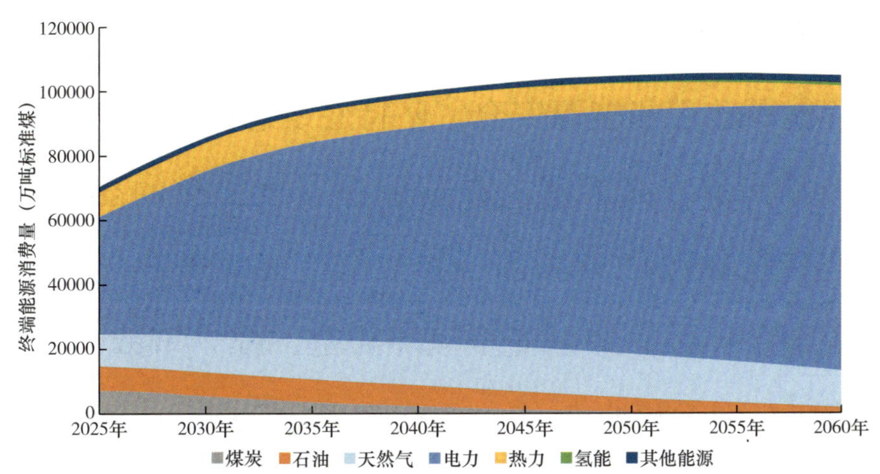

图 32　建筑领域（不含数据中心和通信基站）终端能源消费展望

数据中心和信息通信。数据中心和通信基站用电量将持续快速增长，预计到 2035 年、2060 年将分别达到 1 万亿千瓦时、2.5 万亿千瓦时，需加快提高其绿色电力消费占比。因地制宜推动算力与电力协同发展，加强统筹规划布局、联合建设实施、

协同调度运行，系统性统筹规划绿电保障，推动国家枢纽节点新建数据中心绿色电力消费比例在80%基础上进一步提升，鼓励参与电力系统调节。加强数据中心余热回收，用于供暖、供生活热水。稳步提升5G基站能效，加快6G基站技术突破和商业化应用，因地制宜开展光伏基站建设。推动新型储能、氢燃料电池等技术在信息通信行业融合应用，鼓励通过“绿电直连”或双边交易、购买绿色电力证书等方式提高绿色电能使用水平。

（二）加快构建坚强韧性安全保障体系

统筹能源转型和能源安全，坚持底线思维，坚持先立后破，传统能源逐步退出必须建立在新能源安全可靠的替代基础上，不断夯实传统能源供应基础，着力提高能源安全体系的韧性，完善能源储备体系，加强安全风险防范，提升事故应急恢复能力，有效应对干扰和冲击。

1. 夯实化石能源供应基础

推动国内石油天然气稳产增产，坚持“海陆联动、常非并举”，加大油气勘探开发力度，推动煤层气、页岩油气、致密油气等非常规油气成为增产增供的主要来源，加快推进天然气水合物勘查开发技术攻关和产业化进程。力争国内原油产量在相当一段时期内保持在2亿吨以上，2035年后石油对外依存度降至70%以下。国内天然气产量稳步增长，到2050年国内天然气产量达到约3500亿立方米，其中非常规天然气提升至60%左右。

充分发挥煤炭对我国能源安全的“压舱石”作用，保持合理充裕的煤炭产能规模，增加产能弹性，应对需求变化及石油、天然气、新能源等其他品种能源供给波动，近期产能裕度宜在10%左右，随着煤炭消费量下降，远期产能裕度逐步提高至20%左右。煤电作为煤炭清洁高效利用的重要途径，要从电力系统中的基础保障性电源，逐步向基础保障性和系统调节性电源并重转型，并承担应急备用的作用。2030年前煤电装机容量和发电量保持适度增长，“十六五”期间煤电发电量达到峰值并逐步下降，到2060年碳中和情景下仍需要保留一定规模煤电作为应急备用电源。

2. 加强能源储备体系建设

按照政府主导、社会共建、多元互补的原则，建立健全高效协同的能源储备体系。提高煤炭、原油、成品油、天然气、核燃料、能源相关重要矿产资源等实物储备规模。落实煤炭产能储备制度，增强煤炭供给弹性和灵活度，有效应对煤炭供应中的周期性和季节性波动等情形。将煤制油气作为守牢油气安全底线的“战略储备”，形成合理的产能规模，建立技术储备和

前期项目储备。完善储备动用机制，充分发挥能源储备战略保障、宏观调控和应对急需等功能。力争到2060年，煤炭储备量达到全国1年消费量水平，石油储备量达到全国2年进口量水平，天然气储备量达到冬季采暖期消费量水平。

图33　俯瞰四川首座储气库的建设现场

3. 提升事故应急恢复能力

防范重大自然灾害、外部攻击、国际封锁等潜在极端情况，守住经济社会稳定运行的底线，保证能源系统运行不崩溃，保障民生用能安全，支撑建立经济内循环体系。健全用能负荷分级管理制度，瞄准保障重要负荷，高标准建设本地供能系统，巩固提升极端情况下重点地区、重点部位、重要用户的能源保供能力。建立能源保供应急预案和统一指挥体系，开展实战演练不断优化各类机制和方案，提高快速响应能力。制定事故后恢复供能方案，发挥新能源点多面广、风险分散的优势，探索基于新能源发电和构网型技术的电力系统黑启动方案，提高安全性和韧性。

（三）持续壮大非化石能源多元供给体系

把非化石能源发展放在更加突出的位置，统筹水电开发和生态保护，积极安全有序发展核电，加快发展有规模且有效益的风能、太阳能、生物质能、地热能、海洋能等新能源，推动

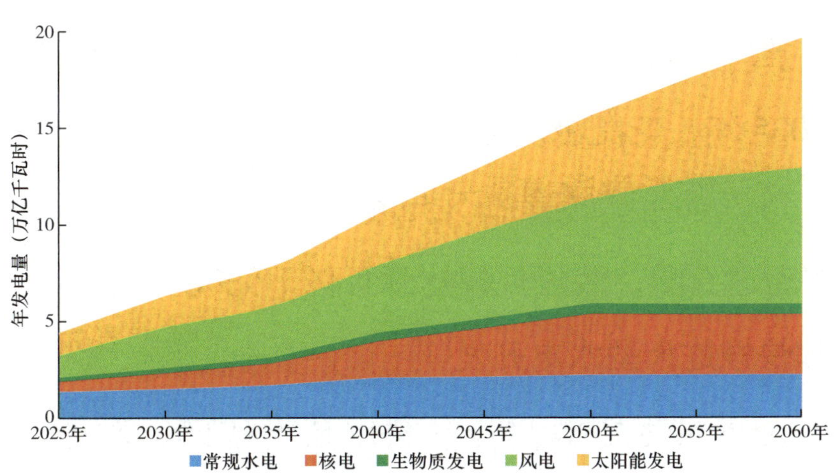

图 34　非化石能源年发电量及结构展望

非化石能源开发利用规模持续快速增长，有力支撑能源转型和能源安全。

1. 加快新能源多元化发展

我国风能、太阳能、地热能、生物质能等资源丰富，大力发展新能源是破解资源环境约束、推动绿色低碳转型、实现能源本质安全的出路。要坚持集中式与分布式并举，持续推动风电和太阳能发电快速发展，结合防沙治沙高质量建设“沙戈荒”新能源基地，稳步推进海上风电基地建设，积极推进风光发电就近开发利用，提高风光发电的涉网性能和安全可靠替代能力。创新风电和光伏发电开发模式，科学推进风光开发与生态保护和修复、农牧渔业、建筑、交通等融合发展。因地制宜发展生物质能、地热能、海洋能等其他可再生能源，有序推动生物质（垃圾）发电、清洁供暖、生物质液体燃料和天然气等多元化利用，积极推广“取热不取水”的地热能供热制冷和跨季节储热。预计到2035年，新能源发电装机容量占总装机容量的比例将超过60%。到2060年，新能源发电量将成为主体能源，占总发电量的比例超过60%，装机规模达到百亿千瓦级。

2. 加快推进大型水电开发

水电是可再生能源，开发利用技术成熟，对电力系统具有较强的支撑调节作用，是优化能源结构的重要支撑。要统筹水电开发和生态保护，在做好生态环境保护和移民安置的前提下，科学有序推进水电开发，以西南地区主要河流为重点，加快推进重点流域大型水电基地建设，实施雅鲁藏布江下游水电开发，严格控制开发建设小型水电站。大力推进水电灵活性提升，积极稳妥推动水电扩机增容、深度挖潜和机组更新改造。到 2035 年、2060 年，常规水电装机容量分别达到 4.5 亿千瓦、5.4 亿千瓦，发电量分别达到约 1.8 万亿千瓦时、2.3 万亿千瓦时。

3. 积极布局先进核能利用

核电清洁低碳，稳定可靠，发电利用小时数高，布局灵活，可布局在能源消费密集的东部沿海地区，未来也可布局在内陆地区。要在确保安全的前提下，积极有序发展核电，加快多元化应用和先进堆型研发突破。稳步推进沿海地区第三代压水堆技术核电站建设，保持平稳发展节奏，积极推广核能在供汽、供暖、海水淡化等方面的综合利用，推动模块化小型压水堆发展。开展高温气冷堆、钠冷快堆、钍基熔盐堆等试验示范和技术攻关，加快探索适合我国的第四代核电技术路线，积极推进商业化应用。未来核聚变可能成为人类理想能源，建议适度加大研发投入，关注国际不同技术路线，及时优化技术攻关方向，力争掌握未来能源革命的主动权。预计到 2035 年、2060 年，核

电装机容量将分别突破 1.5 亿千瓦、4 亿千瓦，发电量超过 1 万亿千瓦时、3 万亿千瓦时。

图 35　防城港核电站华龙一号

（四）加快建设电氢热耦合二次能源体系

为实现碳中和目标，锚定以新能源为主体的供给结构和以电、氢、热为主体的终端用能结构，以新型电力系统为中心环节，探索构建新能源向电氢热多元转化、电氢热协同调节、输电输氢并举的电氢热耦合发展新形态。

1. 加快建设新型电力系统

坚持清洁低碳、安全充裕、经济高效、供需协同、灵活智能的原则，推动电力系统不断迭代升级。加大力度规划建设新能源供给消纳体系，支撑新能源发电大规模高比例发展，推动新能源逐步成为主体电源。建设系统友好型新能源电站，提升煤电灵活调节能力，稳步推进抽水蓄能电站、天然气发电等调峰电源建设。提升电力需求侧响应能力，鼓励发展能够跟随新能源波动灵活调整的柔性用电负荷。推动多时间尺度储能技术规模化应用，加强长时储能技术攻关和应用。以大电网互联为基本形态，完善主网架结构，建设智能微电网、新型配电网等分布式电力系统，形成“分布式”与“大电网”兼容并存的电

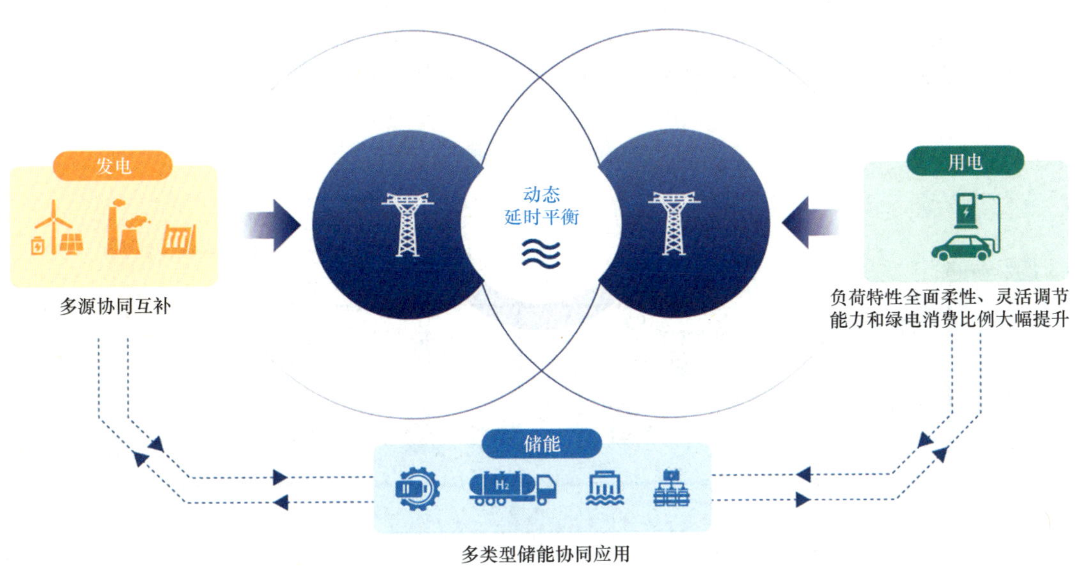

图 36 新型电力系统

网格局。加快电力系统数字化智能化升级，建设智慧电力调度体系，创新调度运行方式，推动电力系统运行模式由“源随荷动”向“源网荷储”多元智能互动转变。

2. 培育壮大绿色氢氨醇产业

充分发挥绿色氢氨醇作为新能源转化利用载体、兼具燃料和原料双重属性的优势，推动绿色氢氨醇成为新型能源体系的重要组成部分。积极有序推进新能源制氢发展，因地制宜选择制氢技术路线，提升制氢效率，推动绿氢成本不断下降，加快氢能制绿氨、绿色甲醇等技术研发和应用。加快建立绿色氢氨醇储运体系，探索高压气态、低温液态、化学固态等多种储氢技术路线，开展天然气管道掺氢、纯氢管道等试点示范，超前布局绿氨、绿色甲醇储运基础设施。积极拓展绿色氢氨醇消费市场，结合终端需求统筹布局输氢加氢网络设施，协同推进绿

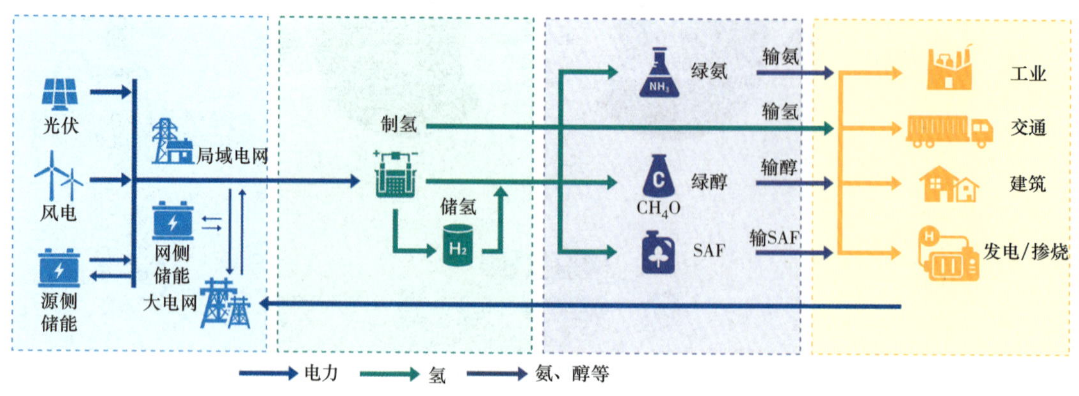

图 37　绿电开发与绿色氢氨醇产业

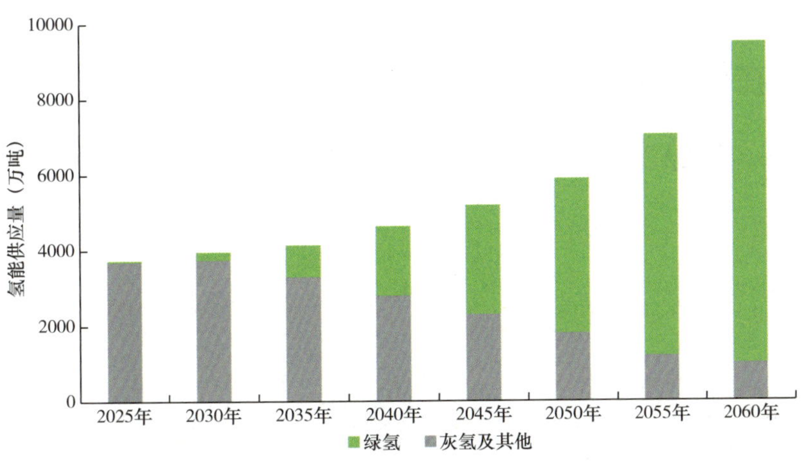

图 38　分品种氢能供应量

色氢氨醇“制储输加用”产业链生态链发展。到 2035 年、2060 年，绿氢（含绿氢制氨醇）利用量分别达到 1000 万吨、8500 万吨左右。

3. 推动电氢热系统耦合发展

在供应端，协同推进新能源发电、电制氢、新能源供热等多能联供，提高制氢、制热用电负荷的灵活调节能力，实现电、氢、热之间耦合优化，提升系统整体效率，促进新能源大规模高比例消纳。**在用户端**，协同推进电能替代、氢能替代和热能低碳替代，推广应用热泵技术实现电能到热能的高效转化，在冶炼还原、重型运输、化工原料等难以电能替代的重点领域，利用绿色氢氨醇实现终端用能深度脱碳。**在调储端**，统筹考虑储电、储热、储氢氨醇的优势和短板，优化组合储能方

式，提高互相转化效率，实现新能源的短时灵活调节和长时高效存储。**在输送端**，推动远距离输电输氢并举，实现新能源大范围消纳，探索建设局域热力网、配电网协同支撑的综合能源系统。

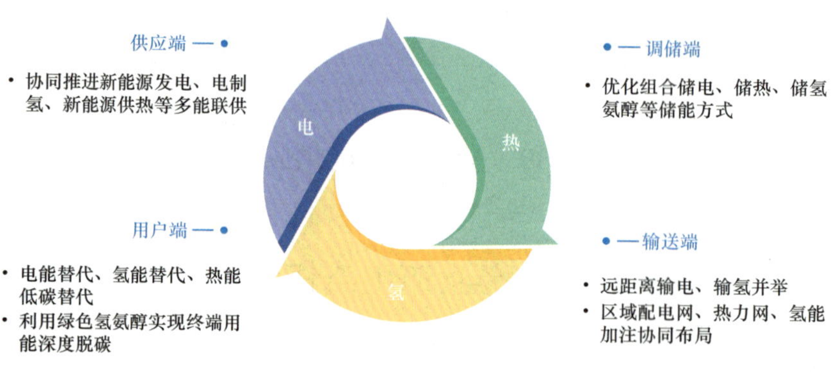

图 39　电氢热系统耦合发展

（五）推动构建能源与用能产业协同布局体系

立足我国能源消费和资源分布不均衡的特点，统筹经济发展和能源结构调整需要，稳步推进“西电东送”输电通道建设，积极推动绿色氢氨醇等高密度能源跨区域调运，进一步扩大绿色能源跨区域远距离输送规模，满足东中部地区清洁用能和碳减排需要。在进一步优化能源输送流向和规模的基础上，推动能源密集型产业向能源资源富集地区转移，扩大“西电西用”规模，加强能源生产布局和用能产业协同发展。

1. 扩大绿电绿氢输送规模

结合西部地区清洁能源基地开发，稳步推进“西电东送”输电通道建设，积极应用输电新技术，合理配置送端电源和储能组合方案，优化送电曲线，加强送受端联合调节运行，不断提高输电通道中可再生能源发电量占比，探索高比例新能源或100%新能源输电方式。结合“沙戈荒”新能源基地开发建设，积极探索其他经济、高效、高密度的新能源转化输送方式，推

图40　氢能储氢站加氢站

动新能源制氢及绿色氢氨醇外送，集约化布局绿色氢氨醇输送管道建设。预计未来西电东送输电规模将达到7亿千瓦以上，绿氢输送规模将超过3000万吨/年，支撑东中部可再生能源资源相对匮乏地区逐步实现碳中和。输电通道利用小时数将出现“先下降、后上升”的过程，近期输电小时数下降的主要原因是送端新能源装机比例提高，远期输电小时数上升的主要原因是输电走廊紧张，必须加强送受端联合调节，提高通道利用率，增加单回通道的输送电量。

2. 推动新能源“西电西用”

推动西部地区新能源开发与用能产业协同规划布局，鼓励“能源+产业”融合发展，积极承接东部地区产业转移，包括冶金、化工等传统高载能产业和新能源、新材料、数据计算等新

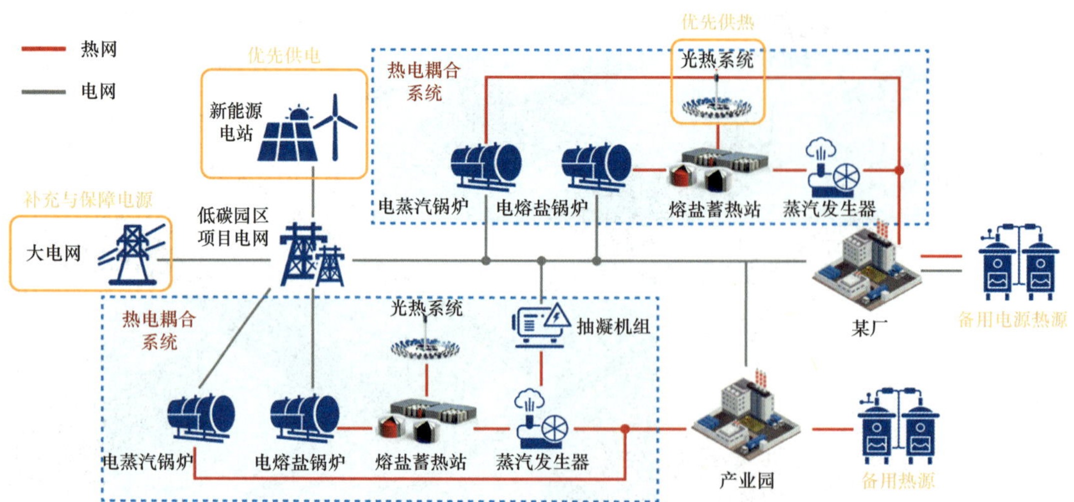

图41 西部“能源+产业”融合发展某案例

图 42 甘肃庆阳“东数西算”源网荷储一体化项目

兴产业，推广绿色制造、绿色计算中心、风光储氢一体化、零碳园区等新能源高比例消纳的能源供需新模式，提高用能负荷柔性调节能力，扩大“沙戈荒”风光基地、水风光基地等本地消纳规模，提高能源就地就近转化利用效率，构建能源流、货物流、数据流并举的流向格局。

（六）加快升级能源产业科技创新体系

深入实施创新驱动发展战略，坚持目标导向、问题导向和需求导向，发挥举国体制优势，完善科技创新体系，加快补齐能源技术装备短板，积极锻造能源科技优势长板，提升产业链

供应链自主可控水平，推动能源产业体系全面升级。通过与消费侧深度创新融合发展，带动更大范围的科技创新和产业变革，引领构建以新型能源体系为支撑的现代化产业体系。

1. 提升能源科技自主创新能力

聚焦新能源大规模高比例开发利用、化石能源清洁高效利用和安全兜底、消费侧节能降碳等方面，强化成熟技术集成应用创新，加快先进适用技术研发和推广应用，超前布局战略性颠覆性技术攻关。在新能源安全可靠替代、智慧能源、钙钛矿电池、深远海风电、地热能综合利用技术、第四代核电、新型储能、可再生能源制氢、绿色燃料、绿色氢氨醇存储输送、用

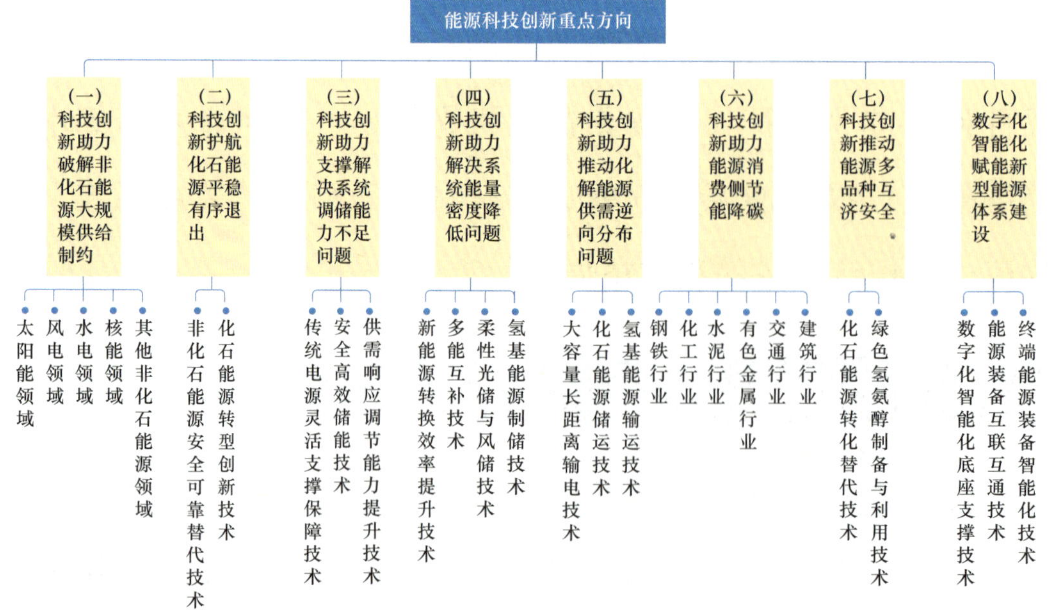

图 43 我国能源科技创新的重点方向

能负荷灵活调节、低碳零碳工业流程再造、可控核聚变、页岩油气和深海油气、天然气水合物、碳捕集利用与封存等领域不断创新突破。同时，在能源消费端以“能源 +”模式，实现与工业、交通、建筑等行业深度创新融合发展，助力绿色低碳循环发展经济体系建设，进而带动更大范围的科技创新和产业变革。

2. 推动能源产业数智化升级

将“人工智能 + 新能源”作为引领新一轮科技革命和产业变革的重要引擎，加快推动新一代信息技术与能源产业融合发展，积极推广人工智能、大数据、物联网、数字孪生等技术应用，构建智慧能源管理平台和智能调度运行体系，推动能源产业内部各品种各环节之间、能源生产供应与用能产业之间、能源与气象交通生态等各领域之间信息互联互通，加强数据安全管理，通过自动化、数字化、智能化升级，促进能源规划建设

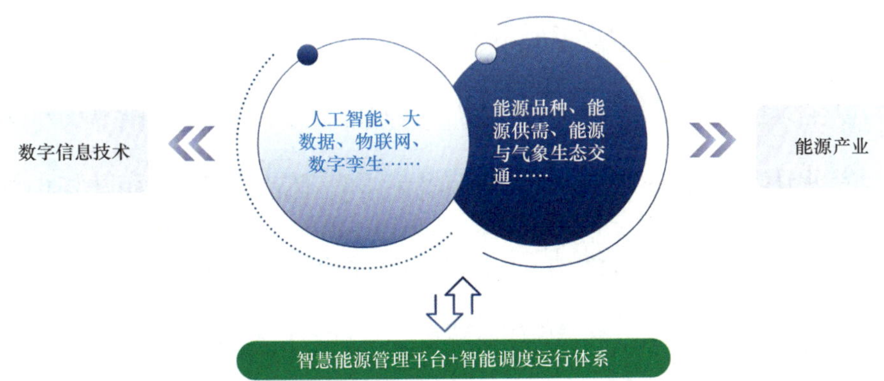

图 44　能源产业数字化智能化发展

布局优化，提高管理运行维护水平，增强安全风险防范和应对能力，提升能源高品质服务水平，充分发掘各类市场主体的灵活调节潜力，实现能源系统供需互动、多能协同、智能高效运行。

（七）健全完善能源治理与国际合作体系

坚持改革开放，持续深化能源体制机制改革，充分发挥市场在资源配置中的决定性作用，更好发挥政府作用，推进能源治理体系和治理能力现代化，积极参与全球能源治理，全方位加强国际合作，有效利用国际资源，实现开放条件下能源安全。

1. 持续完善能源治理体系

构建涵盖煤油气电氢热等各品种，产供储销各环节，法规、标准、规划、政策、市场、监管等全流程的现代化能源治理体系。建立健全能源法律法规体系和标准体系，发挥规划对能源发展的引领、指导和规范作用，建立能耗双控向碳排放双控全面转型新机制。推进自然垄断环节独立运营和竞争性环节市场化改革，推动全国统一的煤炭、电力、石油、天然气等能源交易市场建设，推动电力市场与碳市场协同发展，完善交易机制和交易规则，深化能源领域价格改革，以市场化手段挖掘需求侧绿色、节约、弹性用能的潜力，保障供给侧支撑性、兜底性市场主体的合理收益。健全能源监管体制机制，加强事中事后监管。

图 45　现代化能源治理体系

2. 积极引领全球能源变革

坚持构建人类命运共同体，积极应对全球气候变化，争当能源转型变革的参与者、贡献者、引领者。巩固与传统能源资源大国合作，维护全球能源产业链供应链安全稳定。拓展新能源、绿色产业等新兴领域合作，加强在能源技术、标准等方面合作，推动绿电绿证国际互认。构建全球清洁能源合作伙伴关

图 46　积极引领全球能源变革的中国方案

系，高质量推进“一带一路”能源合作，大力支持发展中国家能源绿色低碳转型。统筹用好中国与东盟、阿盟、非盟、中东欧、中亚和亚太经合组织等区域合作平台，积极参与国际能源组织建设运行。在务实推进多方能源国际合作的同时，注重讲好中国故事，贡献能源转型变革的中国方案。